国語科重要教材の授業づくり

たしかな教材研究で読み手を育てる
「海の命」の授業

実践国語教師の会 監修
立石泰之 編
大江雅之 著

明治図書

はじめに

今、日本の教育は激動の時代にあります。知識基盤社会化、グローバル化に対応すべく、世界に照準を合わせた教育改革が行われ、未来に生きる子どもたちの資質・能力の育成に向けて様々な政策が打ち出されています。学校現場では、新たな教科等の実施やＩＣＴ教育設備の活用など、従来の授業のあり方の見直しが求められています。

しかし、どんなに教育を取り巻く状況や授業の方法が変化しても変わらないものもあります。それは、学習者としての「子ども」、指導者としての「教師」、両者を関わらせる学習内容としての「教材」という三つの要素が授業の成立には不可欠だということです。

そして、子どもたちが主体的に学習する原動力となるのは、やはり課題意識です。教科の本質や内容に迫る子どもたちの問いをいかにしてつくり出すか、教師の力が問われています。では、どのようなものが価値ある問いであり、その問いをつくり出させるために教師は何をすればいいのでしょうか。

それには、まず何よりも教師の教材を分析する力が必要です。授業を構成する要素である教材を分析し、その「価値」を教師が見出すことができなければ、授業の中で子どもたちに気づかせたり、考えさせたりすることはできません。

現在、使用されている国語の教科書には、長い間掲載されてきた文学教材が数多くあります。

なぜ、これらの文学教材は、多くの教師や学校現場で支持され続けてきたのでしょうか。それは、その教材で子どもたちを学習させる「価値」を多くの教師が感じてきたからに他なりません。そして、多くの先達が、その「価値」に子どもたちを迫らせるための読ませ方を研究・実践してきました。

本シリーズでは、そのような教材を国語科における「重要文学教材」と位置付け、教材分析・解釈を通してそれらの教材の「価値」に迫るとともに、どのようにしてその「価値」に迫る読み方を子どもたちにさせていくか、授業づくりのステップに合わせて構成しています。

本シリーズは、基本的に次のような三つの章で成り立っています。

第一章　教材を分析・解釈する力を高めよう
第二章　指導方法を構想する力を高めよう
第三章　板書と思考の流れで展開がわかる授業

本シリーズを読み、読者のみなさんにも一緒に考えていただくことで、今後の授業づくりの一助になれば幸いです。

立石　泰之

目次

第2章 指導方法を構想する力を高めよう

第3章 板書と思考の流れで展開がわかる　実践!「海の命」の授業

〈注〉本書で使用している教科書は、特に記載がなければすべて、平成27年度版光村図書六年です。

第1章

教材を分析・解釈する力を高めよう

1

読者として教材と出合おう

教材研究とは、**「教材の分析・解釈」**と**「指導方法の構想」**のことです。指導方法を構想していくためには、何よりもしっかりとした教材の分析・解釈が重要です。

私たち教師は、授業を計画する際に、まず指導すべきこと、教えるべきことは何かを探しがちです。手っ取り早いのは、教科書の指導書を開くことでしょう。指導書を見れば、単元だけでなく、一単位時間の目標もすぐに分かります。また、教材の中の重要な語句やその意味までも解説してあり、大変便利です。十分に教材研究されている指導書に書いてある指導案通りの授業を行っていくことで、指導者としては安心することができます。

しかし、そのような授業を積み重ねていくことは、授業づくりにおける多くの弊害を生み出しかねません。

第一に、子どもたちが授業を楽しいと感じなくなります。一体、なぜでしょう。

それは、指導者の目線で授業がつくられているからです。指導者の目線でつくられた授業は、誘導的になりがちです。子どもたちに「言わせよう」「気づかせよう」とするあまり、結果的に子どもたちが自分の解釈について考えるのではなく、指導者の頭の中にあることばを言い当てることに躍起になってしまうことがしばしばあります。そうなると、少数の理解できる子だけが発言する授業になってしまいがちです。

第二に、「何を指導すべきか」から始まる教材分析を行っていくと、物語を読む読者の心の動きや感動を感じにくくなります。

教科書に掲載されている物語の多くは、教材にするために書かれたものではありません。文学は、私たち読者に読むことを通して、他者と出会わせ、自己を見つめさせ、人間の本質を感じ取らせます。教室の子どもたちもまた、教材として文学と出合い、読者として心を動かされています。そして、学習へと突き進む原動力を得るのです。その心の動きを理解することこそ、学習者である子どもたちの目線で授業をつくる力へとつながっていきます。

▲指導者として出合う
文学の教材研究のスタート

▲読者として出合う
文学の教材研究のスタート

第三に、教科書の指導書任せの教材研究を続けていくことで、指導者自身の教材を分析・解釈する力を高められなくなります。

文学的な文章は、すべてのことばがつながり合い、響き合って、物語の世界を読者の頭の中に描き出します。物語を読んで生まれた一つの感情やイメージは、いくつもの文章中のことばがつながって生まれたものです。指導者自身が一人の読者として物語と向き合い、自分の中に生まれた感情やイメージがどのことばから生まれてきたものかを考え、その理由を考えていくことこそが教材を分析・解釈する力へとつながっていくのです。そうすれば、教科書の指導書に載っている重要な語句が挙げられている理由もわかるようになりますし、指導書に頼らなくても指導者自身で見つけられるようになっていきます。

教材研究のスタートは、まず一人の読者として作品を読んでみましょう。そして、心に感じたことの根拠と理由を作品の中に探していきましょう。

2 教材「海の命」を読み解こう

まず、「海の命」を読んでみましょう。

指導者として解説付きの教材文を読むのではなく、一人の読者として物語「海の命」を読みます。あなたの心にどんな感情や思いが浮かんできましたか。

「海の命」を読むと、心の中に温かな気持ちややさしい気持ちが湧いてくる読者も多いでしょう。一方で、クライマックスの太一の行動について疑問を感じた方も少なくないと思います。このことは、大人だけではなく、学習者である子どもたちも同じです。まずは、「海の命」を読んだ子どもたちの初発の感想の一部をご紹介します。

Ⓐ 太一のお父さんが死んだので、もっといい漁師になろうとしている太一の気持ちが伝わってきました。太一はお父さんを心に思いうかべながら漁をしていると思います。水の中でふっとほほえんだところが心に残りました。理由は、クエをお父さんだと思って笑顔をつくっているからです。ここからお父さんへの強い気持ちがわかります。

Ⓑ 太一が大魚に出会うために、瀬に一年ももぐり続けたことがすごいと思いました。太一は大魚をとらないと本当の一人前の漁師にはなれないのだと思ったのに、大魚をなぜとらなかったのか疑問に思いました。自分だったら本当の一人前の漁師になるために大魚をつかまえると思います。

Ⓒ 太一が瀬の主に出会ったことをだれにも話さなかったのは、だれかに話すと聞いた人たちが海の命のような魚をとりにいくからだと思います。「おとう、ここにおられたのですか。また会い

に来ますから。」というところから、死んだおとうが瀬の主になったと思います。巨大な瀬の主が海の命だと感じました。

Ａの感想を書いた子は、登場場面は少ないものの、父の存在が太一のその後の生き方に大きな影響を与えていると感じているようです。

Ｂの感想を書いた子は、瀬の主を追い求める太一の姿に心を動かされながらも、「大魚」をとらなかったことについて疑問をもっています。

Ｃの感想を書いた子は、太一に寄り添い、太一の行動についての理由に気づいています。また、「瀬の主」の存在について自分なりに考えを巡らせています。

読者の多くは、初読の段階で瀬の主と太一との対峙における太一の葛藤場面に固唾を飲み、最終的に太一が選んだ生き方がもたらす結末に心を動かされます。そして一方で、どうして瀬の主にもりを打たなかったのかについての明確な答えを探究したくなります。

この読み終えた後の感動や探究心が、その後の作品を読んでいく原動力となっていきます。いかがでしょうか。初めて「海の命」を読んだ六年生の子どもたちも私たち大人と変わらないような感想をもっていると思いませんか。

一体、なぜでしょうか。

それは、作品の中に私たち読者にそう感じさせる「しかけ」があるからなのです。

では、なぜ多くの読者にこのような感動や探究心が湧き上がってくるのか、そのひみつについて教材を分析・解釈していきましょう。

(1) 教材「海の命」の背景について知ろう

教材だけを読むことが多い教材研究ですが、原典に当たることも大切です。そうすることで、教材だけでは見えなかった作者の意図や、教材化の意図が見えてきます。

「海の命」の解釈に入る前に、作品の背景について知っておきましょう。

まずは、作者である立松和平（たてまつわへい）についてです。立松氏は本名を横松和夫といい、昭和二十二年に栃木県の宇都宮市に生を受けました。早稲田大学に入学し、文章表現研究会等に所属し、在学中は、放浪の旅やデモ参加に明け暮れて肉体労働を経験しました。それらの体験を基にして、昭和四十五年から平成二十二年に他界するまで精力的に執筆活動を続けました。

『研究資料　現代日本文学』には、立松氏が作品づくりに受けたとされる影響について、次の内容が記されています。

大学紛争世代である立松が経験した全共闘運動は、彼の思想の根幹に大きく影響している。それが内包していた秩序、制度に対する個の存立基盤を問うという課題は、運動そのものを素材としたいくつかの小説を生み出しただけでなく、彼の文学を貫いている自然・労働・身体へのこだわりとなって継承されている。

「自然・労働・身体へのこだわりとなって継承されている」の部分は、まさに『海の命』の生態系を含む自然観や職業観に色濃く反映されています。

文学的活動としては、昭和四十五年に発表した『自転車』で第一回早稲田文学新人賞を受賞し、翌年『今も時だ』が新潮新人賞候補作となりました。その後、様々な作品を発表し、芥川賞候補にも何度かノミネートされます。昭和五十五年、『遠雷』で野間文芸新人賞を受賞しました。

子ども向けの創作絵本としては、『山のいのち』（平成二年・ポプラ社）をスタートに、『海のいのち』（平成四年・ポプラ社）、『街のいのち』（平成十二年・くもん出版）、『田んぼのいのち』（平成十三年・くもん出版）、『川のいのち』（平成十四年・くもん出版）、『木のいのち』（平成十七年・くもん出版）、『牧場のいのち』（平成十九年・くもん出版）と「いのちシリーズ」を刊行しました。

●「海の命」はいつから定番教材になったの?

「海の命（いのち）」は、光村図書出版『国語 六 創造』および、東京書籍『新編 新しい国語 六』の二社の小学校六年生の国語教科書に掲載されている物語文教材です。両社とも、初めて採録したのは平成八年度からであり、現在まで掲載が続いています。

タイトルの表記は、光村図書版が「海の命」（「命」が漢字表記）で東京書籍版が「海のいのち」（「いのち」が平仮名表記）となっています。原典は、平成四年にポプラ社より刊行された絵本『海のいのち』になります。東京書籍版は、原典と同様のタイトルの表記を用いています。

小学校国語教科書の物語文の定番教材といえば、「ごんぎつね」（新美南吉）の名前が真っ先に挙がるでしょう。小学校の国語教科書に採録されてから、平成二十八年をもって六十周年を迎え、まさに国民的童話にふさわしい存在感を放ち続けています。

「海の命」を見ると、「ごんぎつね」の六十周年には遠く及ばないものの、平成八年度から採録されており、二十周年という期間を経てきています。「ごんぎつね」の発表から採録までが二十四年、「海の命」の発表から採録までが四年ということを考えると、発表されてから教材としての価値を見定められるまでが早かったといえます。

●絵本と教科書の違いは？

『海の命』の教材と絵本を比較し、どのような差異があるのか、次頁の表にまとめました。最も顕著な点は、絵に重点が置かれる絵本に比べ、教科書では文章が主体となり、掲載できる絵が限定されてしまうことでしょう。

また、教科書には、判型・ページ数・文章表現等、その掲載について様々な制約や編集の意図が働きます。よって、原典である絵本をそのまま教科書内に所収せず、様々な視点から改編が行われています。

光村図書「海の命」と東京書籍「海のいのち」、そして原典の絵本『海のいのち』を比較して、「海の命」（以降、漢字表記）の教材としての可能性や役割について探っていきましょう。

【「なにも」と「少しも」】

絵本版の第一場面には、「不漁の日が十日間つづいても、父はなにもかわらなかった。」と、もぐり漁師としての父のエピソードを紹介する部分があります。

東京書籍版は「何も（漢字）」ですが、光村図書版は「少しも」という表記になっています。「なにも」と「少しも」を比較した場合、音声に出してみるとニュアンスの違いが出てきます。「なにも」は、語り手に父との距離があり、感情が入っていない客観的な印象を受けます。逆に「少しも」は、語り手に父への敬いの感情が込められた主観的な印象を受けます。

	絵本『海のいのち』	光村図書「海の命」	東京書籍「海のいのち」
挿絵の枚数	17枚（表紙を含む）	7枚	9枚（中扉の頁を含む）
挿入している挿絵	①海と戯れる少年太一 ②海の夕暮れ ③船上の父と仕留めたクエ ④上空から見た大海原と船 ⑤与吉じいさへの弟子入り ⑥与吉じいさとの一本づり ⑦与吉じいさと様々な魚 ⑧海鳥の群れのはばたき ⑨海で星を見上げる太一 ⑩瀬に飛び込む太一 ⑪父の海を泳ぐ太一 ⑫父の海をもぐり続ける太一 ⑬瀬の主と対面する太一 ⑭浮かんでいく太一 ⑮大魚へと向かう後ろ姿 ⑯ほほえみと銀のあぶく ⑰象徴的なハマボウフウ	③船上の父と仕留めたクエ ⑥与吉じいさとの一本づり ⑨海で星を見上げる太一 ⑪父の海を泳ぐ太一 ⑬瀬の主と対面する太一 ⑮大魚へと向かう後ろ姿 ⑯ほほえみと銀のあぶく	①海と戯れる少年太一 ③船上の父と仕留めたクエ ⑥与吉じいさとの一本づり ⑦与吉じいさと様々な魚 ⑨海で星を見上げる太一 ⑪父の海を泳ぐ太一 ⑬瀬の主と対面する太一 ⑯ほほえみと銀のあぶく ⑰象徴的なハマボウフウ
体裁	縦書き右開き，32頁	縦書き右開き，12頁	縦書き右開き，11頁
単元名		登場人物の関係をとらえ，人物の生き方について話し合おう	感動の中心をとらえよう
リード文		登場人物の関係に気をつけて読み，人物の生き方について自分の考えをまとめよう。	物語が自分に最も強く語りかけてきたことをまとめる。
第一場面の表記	・「～父は**なにも**かわらなかった。」	・「～父は**少しも**変わらなかった。」	・「～父は**何も**変わらなかった。」
第二場面の表記	・与吉じいさの台詞 「わしは**もう**年じゃ。ずいぶん魚をとってきたが，**これ以上とるのも罪深いものだからなあ**。魚を海に自然に遊ばせてやりたくなっとる。」	・与吉じいさの台詞 「わしも年じゃ。ずいぶん魚をとってきたが，もう魚を海に自然に遊ばせてやりたくなっとる。」	・与吉じいさの台詞 「わしも年じゃ。ずいぶん魚をとってきたが，もう魚を海に自然に遊ばせてやりたくなっとる。」
第四場面の表記	・挿入文なし。 （ちょうど頁の区切りになっている。）	・**「母が毎日見ている海は，いつしか太一にとっては自由な世界になっていた。」**の一文の挿入。	・挿入文なし。 （ちょうど頁の区切りになっている。）
第五場面の表記	・「～百五十キロは**とうに**こえているだろう。」	・「～百五十キロは**ゆうに**こえているだろう。」	・「～百五十キロは**優に**こえているだろう。」
脚注の説明		・「クエ」の説明 （生態，生息場所について） ※図あり。 ・「イサキ」の説明 （外観の特徴について） ※図あり。 ・「ブリ」の説明 （外観の特徴について） ※図あり。 ・「立松和平」の紹介 （生没年，出身地，児童向け本の紹介	・クエの説明 （生息場所，体長について） ※図はなし。

「海の命」における２社の教科書と絵本の比較

【「これ以上とるのも罪深いものだからなあ」】

絵本版の第二場面で、弟子入りを志願する太一に与吉じいさが語りかけます。

「わしはもう年じゃ。ずいぶん魚をとってきたが、これ以上とるのも罪深いものだからなあ。魚を海に自然に遊ばせてやりたくなっとる」（句点なし）

この言葉について、教科書版は二社とも、「わしも年じゃ。ずいぶん魚をとってきたが、もう魚を海に自然に遊ばせてやりたくなっとる。」と表記されており、「これ以上とるのも罪深いものだからなあ。」の部分が省かれています。これは大きな差異であると感じられます。

おそらく「漁師の仕事＝罪深い」という固定した見方を与えたくなかったのでしょう。

【「母が毎日見ている海は、いつしか太一にとっては自由な世界になっていた」】

第四場面に、絵本版には存在しない一文が、光村図書版に挿入されている箇所があります。

「母が毎日見ている海は、いつしか太一にとっては自由な世界になっていた。」

東京書籍版は、絵本版と同様になっており、この一文は挿入されていません。絵本版と教科書版の差異の中でも、最も規模の大きいものでしょう。

ここに関しては、加えられた一文の文意に着目しましょう。

瀬の主と対面する展開期に「母」をあえて入れ、守られる「海の命」の中に母の存在を明確に示しています。また、母と太一の生活の記述が希薄なため、関係性を示す表現を入れたとも考えられます。さらに、次の瀬の主との対面のステージへ移るために、一貫した太一目線の物語進行からこれまでと異なる視点を挿入する必要があったのかもしれません。母も日々、海を見ながら父の死を悼んでいたことを、この一文から想像することができます。

【「とうに」と「ゆうに」】

絵本版の第五場面に、太一が瀬の主に対面し、外観について説明している部分があります。

「全体は見えないのだが、百五十キロはとうにこえているだろう。」

この部分にも差異が確認できます。光村図書版は「ゆうに」、東京書籍版は「優に」という表記になっています。

「とうに」には、「とっくに」のようにずっと前に既に実現しているという時間的な意味が含まれます。「ゆうに」には「いとも簡単に」といった、ある水準を大きく上回っている量的な意味が含まれます。百五十キログラムをはるかに超えているような巨大なクエを表現したい場合に、「ゆうに」の方が小学校六年生のイメージが喚起されやすいと判断したのでしょう。

この他にも、漢字表記と平仮名表記の違いや、読点の位置の違いが多く見られます。また、場面分けを容易にするために、場面の間に行間を設けている工夫の違いもあります。

【原作『一人の海』】

絵本版『海のいのち』には、原作『一人の海』という作品が存在します。絵本版『海のいのち』の刊行は平成四年十二月、原作『一人の海』の刊行は平成三年八月です。

九州地方の漁師町の息吹が表現されており、海に生きる人々のつながりや生活の様子、漁の方法や道具の扱いなどの細かくて映像的な描写が、綿密な取材と確固たる信念によって描かれています。ストーリーの筋は、絵本版『海のいのち』と同様ですが、原作『一人の海』の方が人物の描写などがより具体的に描かれています。例えば、次のような点です。

・太一の家の状況や父（太助）の性格、家族の生計の具体が明確に書かれている。
・母が父の死を心から悼んでいたことが分かる描写が多くある。
・父が死んだ瀬が「太助瀬」と呼ばれるようになったことや、漁法の詳細・瀬の特徴が明確に書かれている。
・太一の夢の中身が具体的に書かれている。
・与吉爺さに弟子入りをした明確な理由が書かれている。
・与吉爺さの人間性が分かる大津波時のエピソードが書かれている。
・与吉爺さと太一の漁の様子、漁の仕方、与吉爺さの指導の声掛けや太一の受け答え、与吉爺さの海への思想などが詳しく書かれている。
・父の死後の母と太一の生活の様子が、十分な会話・やりとりによってしっかりと描かれている。

・太一の成長を見てきた母が心配を口にする様子や背景がよく分かるように丁寧に描かれている。

・段階を踏んで村一番の漁師と成長してきた様子が、太一の言動や周りの人々との関わりに複合的に表現されている。

・太一が漁師として熟し、様々な準備を経て、いよいよ瀬の主と対面できるようになったことが詳しく書かれている。

『海のいのち』では想像するしかなかった場面や叙述が、『一人の海』にはこのようにふんだんに描かれています。

絵本版『海のいのち』の第五・六場面の文章については、『一人の海』の文章に沿っていて場面や描写に大きな変更はありません。両作品の発行年を考えると、少年文学の短編として書かれた『一人の海』を、絵本版に改稿して『海のいのち』が誕生したことが分かります。

【原作『一人の海』から見た「海の命」の教材性】

原作『一人の海』では、詳細な描写や語りによって人物の関わりなどが明確に表現されています。『一人の海』を読み進めていくと、太一の行動と言動は、自然に受け入れることができます。原作を絵本化するにあたっては、大幅な削除が行われました。絵本版『海のいのち』の場合は、長い文章を短い文章に置き換えるような改稿というよりは、大幅な削除を行い、エッセンスのみを残したという感じになっています。とはいえ、瀬の主と対峙したときの描写以降は、割愛が少なくなります。

しかし、『海のいのち』ではクライマックスに至るまでの伏線やドラマが省かれたことで、銛の刃先を足のほうにどけ、笑顔をつくった太一の行動や、「お父、ここにおられたのですか。また会いに来ますから」の言葉に、読者は少なからず疑問符が残ります。

そして、教科書に掲載された「海の命」では、さらに多くの絵が省かれ、教材「海の命」は、物語の「飛躍」を読者の想像によって埋めなければならなくなりました。そして、読者に「複数の読みの可能性」を与えるという教材性を手に入れました。つまり、教材「海の命」は、「複数の読みの可能性」について吟味し合うという学習の価値を有する教材になったのです。

実際の授業や単元では、「複数の読みの可能性」を全体で確認していくような一つの読書の楽しみを味わわせていきたいものです。そうすることによって、「海の命」についての自分の読みを確立させていきたいと考えます。

最後に、原作『一人の海』と絵本版『海のいのち』と教材「海の命」のどれが優れていて、どれが劣っているかという指摘ではないことを確認します。私たち教師が、教室で子どもたちとともに学ぶのは、教材「海の命」です。原作『一人の海』を別の作品と捉え、教材分析の段階で参考程度に知っておくぐらいがよいでしょう。

（2）主人公「太一」の設定と物語の発端「父の死」を読もう

中心人物である太一の設定と父の人物像を捉えましょう。そして、冒頭の大きな事件である「父の死」について読んでみましょう。

第一場面に描かれる中心人物であり、物語の視点人物である太一の「設定」や父の「人物像」、そして、物語の発端となる大きな事件「父の死」をどのように読むかは、その後の読者の読み方に大きな影響を与えます。

本書では、主に光村図書版の本文を基に分析をしていきます。

●物語の舞台は？

「父もその父も、その先ずっと顔も知らない父親たちが住んでいた海」に中心人物である太一も住んでいます。

「海に住む」とは、どういうことでしょう。何気ない表現ではありますが、その後登場する「海のめぐみ」「海に帰る」「海で生きる」「父の海」「海の命」などにつながる物語の世界観や全体像を感じさせる言葉です。海の恩恵を受けながら、海とともに生きる人々の暮らしを表現しています。「父親たち」とは、先祖代々海に関わる生業を脈々と受け継いできた家系に太一が生まれたことを示しています。

舞台は海に面した村であり、多くの人々が海に関わる仕事に就き、海を中心にした生活体系を形成していると考えられます。「村一番の漁師」という言葉が、その環境を想起させます。それぞれの専門の漁法をもつ複数の漁師が存在し、それぞれの漁法の技を日々磨き、各家庭の生計を立てているのでしょう。

冒頭の一文は、漁師として生きる家系に生まれた太一が、これから始まる物語の中で、成長するために通過しなければならない出来事を体験する予感を読者に感じさせます。

●太一はどんな少年だったの?

中心人物であり、視点人物でもあるのが「太一」です。物語のほとんどは、太一の視点で語られ、太一の成長に寄り添って描かれています。当たり前のように目の前にある海を愛し、自分も漁師になることを信じて疑わない少年です。おそらく物心がついていない時分から、「海の表情」をずっと見てきて、心の中で海と対話してきたのでしょう。そこには、読者には計りしれない、太一と海との深い精神的なつながりが想像できます。

「ぼくは漁師になる。おとうといっしょに海に出るんだ。」

数少ない太一の発言の中でも、少年時代の太一の人物像を表す貴重な発言です。「ぼくは漁師になりたい」ではなく、「ぼくは漁師になる」と断定で語っています。少年の頃から力強く、一徹な部分を備えていることを感じさせる発言であり、迷いが全くありません。そして、子どもも心に尊敬してやまない父の大きな存在が感じられます。少年の太一が一貫して「漁師に」「父に」と語っている様子や「はばからなかった」という言葉から、父は目指すべき姿であり、誇りであることが感じられます。その父とともに漁に出て、技と心構えを受け継ぎ、父のような漁師となることが、この家系に生まれた少年にとって必然の目標となるのでしょう。

●太一の父はどんな漁師だったの？

太一の父は「もぐり漁師」です。後に「もぐり漁師がいなくなったので、アワビもサザエもウニもたくさんいた」という叙述があります。父がそれらをクエ漁の合間に獲っていたのかは分かりませんが、それらがもぐり漁の一般的なターゲットであることが分かります。「たった一人でもぐっては、岩かげにひそむクエをついてきた」という叙述から、父は常にクエをねらうクエ専門のもぐり漁師のようです。また、後の「父を最後に、もぐり漁師がいなくなった」という叙述から、父が村の最後のもぐり漁師であったことが分かります。

そして、父は、卓越した技術をもつ漁師を選ぶ「潮の流れが速い瀬」に入ることができました。しかも、「誰にももぐれない」水中にもぐることができた唯一の漁師でした。

一般的にもぐり漁は危険を伴うため、複数で行われることが多いようです。ましてや太一の父のように、誰にももぐれない潮の流れの速い瀬で漁をするとなれば、なおさらでしょう。しかし、父の漁の様子については、「たった一人で」と、孤独が強調されています。ここから、父が強靭な精神力と意思をもった人物であることが伝わってきます。

しかし、家ではまた違う父の一面が太一には見えていました。二メートルもある大物をしとめても、父は自慢することなく「海のめぐみだからなあ。」と言います。また、不漁の日が十日間も続いても、何も変わらないのです。このことからうかがえるのは、父の「謙虚さ」です。「海のめぐみ」としていただくのだから、日々の漁獲に対しての一喜一憂はありません。そこにあるのは、海への「感謝」です。

「謙虚さ」と同様に感じられるのは、自然に対する「敬虔さ」です。海に全てを委ねている姿があり、たとえ不漁であってもそれは海が決めることで、個人がどうこうすることではないといったメッセージが「海のめぐみ」の言葉から感じられます。これは、与吉じいさに共通する考え方でしょう。

この設定場面で、父の人物像が見せる二つの面が、その後の物語の読者の読み方に影響を与えることになります。

教室には「めぐみ」の意味を理解できない子どもがいます。言葉の意味を確認させることで、父の人物像がより明確になってきます。この「めぐみ」や「ごんぎつね」の「つぐない」のように、物語にはたった一つの言葉の意味を知ることで、物語の世界の見え方が変わるようなキーワードがあることを、実感をもって子どもたちに学習させたいものです。そのことは、語彙を豊かにしていくことにもつながっていきます。

●「父の死」をどう読むか?

太一の父に、突然の死が訪れます。父に何が起こったのでしょうか。

「父はロープを体に巻いたまま、水中でこときれていた」という叙述から、自分が簡単に海上へ浮き上がらないようにロープを自らに巻き付けるほど、瀬の主との壮絶な戦いの末に命を落としたことがうかがえます。長期戦にもつれ込んだことは想像に難くありませんが、瀬の主と自分の体力の消耗戦であり、クエとの間合いを保つためにロープを体に巻き付ける必要があったのでしょう。ロープを巻いたままの父の遺体が海中に漂っている様子を想像するとおぞましさを感じさせます。そして、父に巻き付いているロープのもう一方の先には、瀬の主である「光る緑色の目をしたクエ」がいました。父の死のおぞましいイメージに引きずられて、クエの様子にもおどろおどろしさを感じる読者も多いでしょう。

しかし、ここで注意しなければならないのは、父の死に対する表現と瀬の主の描写です。太一の父は瀬の主に挑み、命を落としましたが、本文では「こときれていた」と表現されています。「事切れる」には、「死ぬ」「息が絶える」という意味があります。瀬の主に「殺された」というニュアンスを感じさせない表現になっています。

また、瀬の主の描写では、体に人間のもりを突き刺したままでも、何人もの人間がロープを引いていても、まるで岩のように全く動かないことから、人間への攻撃性を感じさせません。語り手が太一の視点に寄り添っており、父の死の場面に立ち会えなかったために、父の最期の状況を確定することはできません。実際の局面に立ち会ったのは、父と瀬の主のみ。父が死に、瀬の主が魚であるため、父の死の真実については、語り手・読者・登場人物の全ての立場において知る由がないということになります。

明確な叙述がないことで、読者のイメージや多様な読みを許す要因となっています。

●父は、なぜ瀬の主に戦いを挑んだのか?

父の死の真相については、読者の中に戸惑いが生まれ、この第一場面で初めの読みの局面が訪れます。

子どもたちは、この物語を再読しながら学習を進めていきます。「千びきに一ぴき」と語る与吉じいさの姿や瀬の主にもりを打たなかった最後の太一の姿を知っている読者としては、「海のめぐみ」を信条とし、どんな大物をしとめても決して自慢しなかった父が、巨大な瀬の主に命をかけた戦いを挑む動機が見当たらないのです。

なかには、「村一番のもぐり漁師だった父」が瀬の主を殺そうとするわけがない、何かの事故だったのではないかと考える読者もいるでしょう。それは、「謙虚さ」「敬虔さ」を感じさせる父のイメージを真っ直ぐに受け入れているからだと考えられます。叙述から根拠が得られないために、排除されるべき読みだとはいえません。

しかし、その後の叙述の中に、太一の「村一番のもぐり漁師だった父を破った瀬の主」という言葉があります。「破った」という表現によって、太一自身は、父が戦いを挑んだと考えていることがわかります。

父がどのような思いで、瀬の主にもりを刺したのかについて、この時点では考える材料が足りません。物語を読み進める中で、読者一人一人に少しずつ見えてくるようになります。

●太一は「父の死」をどう捉えたのか？

太一の「父の死」の捉え方を、読者がどのように読むかによって、「父の死」に立ち会った瀬の主を太一がどのように認識しているのかの読み方が変わってきます。

もし、「父の死」に対して、太一が生前の父の「謙虚さ」「敬虔さ」の面を強く感じて、「避けられない死、運命の死」のように読んだ場合、瀬の主を太一にとっての「父の存在や象徴」と認識するような読み方をすることになるでしょう。

反面、太一が「父の死」を瀬の主との格闘の末に敗れた「無念の死」と捉えていると読んだ場合、瀬の主を太一にとっての「父のかたき」と認識するような読み方をしていきます。冒頭に語られる父に対する尊敬やあこがれを感じさせる太一の言葉から、太一の強い喪失感や悲し

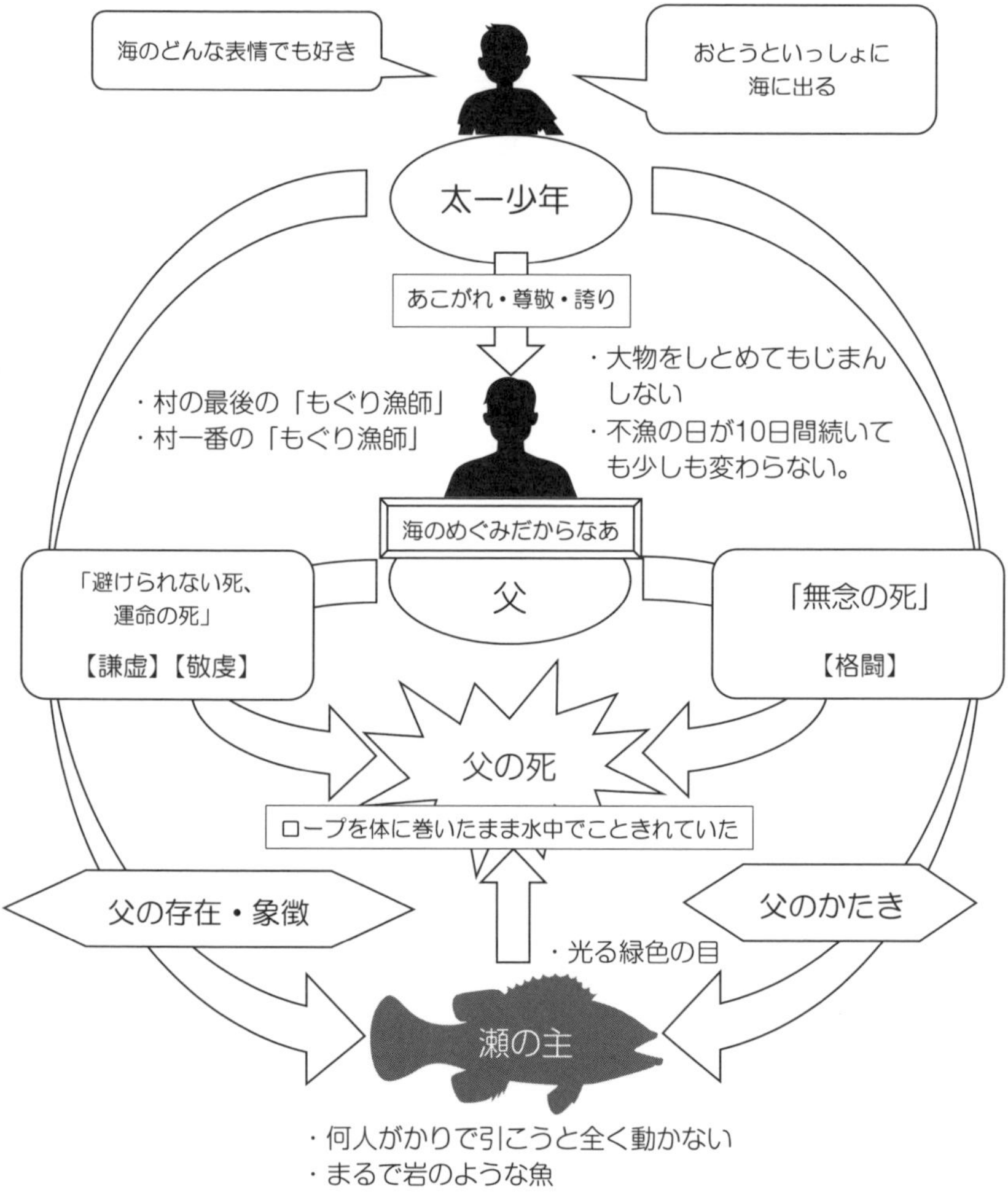
海のどんな表情でも好き
おとうといっしょに
海に出る
太一少年
あこがれ・尊敬・誇り
・村の最後の「もぐり漁師」
・村一番の「もぐり漁師」
・大物をしとめてもじまんしない
・不漁の日が10日間続いても少しも変わらない。
海のめぐみだからなあ
父
「避けられない死、
運命の死」
【謙虚】【敬虔】
「無念の死」
【格闘】
父の死
ロープを体に巻いたまま水中でこときれていた
父の存在・象徴
父のかたき
・光る緑色の目
瀬の主
・何人がかりで引こうと全く動かない
・まるで岩のような魚

みを思い、多くの読者は「父のかたき」という認識で読み進める傾向にあるようです。

また、太一の瀬の主への思いは、「父のかたき」という認識と「父の存在や象徴」としての認識が複合しているという読みも成立するでしょう。

では、叙述では太一の思いをどのように述べているでしょうか。

実は、本文では太一がどのように父の訃報を聞き、何を感じたのかは述べられていません。これは意図的に語っていないのだと考えられます。ここで太一の思いをあえて見せないことで、クライマックスの場面での太一の行動に対する読者の驚きや疑問を溢れ出させる効果を生み出しているのです。

（3）対人物「与吉じいさ」の人物像を読もう

中心人物である太一の設定と父の人物像を捉えてきましたが、中心人物や状況の変化は、出来事との遭遇や別の人物（対人物）との出会いがあって起こります。教材の分析・解釈では、中心人物に変化をもたらす対人物の分析も大切です。対人物である「与吉じいさ」の人物像について、その言動や太一との関わりから考えてみましょう。

●「与吉じいさ」の人物像とは?

父の死後、太一に最も強い影響を与えていると思われる与吉じいさですが、その人物像は、与吉じいさの漁法や漁に対する考え方から見えてきます。

与吉じいさは、「太一の父が死んだ瀬」で毎日一本づり漁をすることができる漁師です。「潮の流れが速くて、だれにももぐれない瀬」であると前述しているように、この瀬は漁師を選びます。この瀬で漁をするためには、潮の流れの速さに対応した操船と漁の卓越した技術を身に付けていなければなりません。

一本づりには、大きく三種類の方法があります。小型船で数本のつり糸を曳航しながら大型魚をつる引縄つり(トローリング)、鰹の一本づりのようにつり竿を用いて魚をつる「竿つり」、竿を用いず魚をつる「手づり」です。与吉じいさの漁法はどれでしょうか。文章中にある漁をする与吉じいさの挿絵や「ゆっくりと糸をたぐっていくと」という表現から、与吉じいさが「手づり」をしていることが分かります。一本づり漁は、まず魚の群れを探すことから始まり、その群れを一定時間留め、魚体を傷つけないように一匹一匹をつり上げる漁です。そして、「毎日タイを二十ぴきとる」ことができることから、与吉じいさが高い技術をもつ漁師であったことが分かります。

「わしも年じゃ。ずいぶん魚をとってきたが、もう魚を海に自然に遊ばせてやりたくなっとる。」という言葉からは、与吉じいさの状況と思想が読み取れます。与吉じいさは引退間近の老漁師です。漁師として殺生を繰り返してきたことへのやるせなさや後ろめたさが感じられます。利益ばかりを追求して闇雲に獲る漁師とは異なる、独特の哲学が感じられます。魚を傷つけずに丁重に取り扱う「手づり」のイメージからも魚を一つの命として「敬う」思いをもっていることが伝わってきます。

●太一はなぜ与吉じいさの弟子になったのか?

中学を卒業する年の夏、太一は与吉じいさに弟子入りを志願します。「卒業する年の夏」ですから、まだ中学三年生のときです。「中学三年生の夏」とせずに「卒業する年の夏」と表現することで、卒業後すぐに漁師として働こうとする太一の強い思いや自分の進路・生き方への迷いのなさが伝わってきます。

太一はどうして一本づり漁師である「与吉じいさ」に弟子入りを志願したのでしょうか。

太一が幼い頃になりたかったのは父のような「もぐり漁師」でした。村の「最後のもぐり漁師」だった父が亡くなった今、太一が誰かにもぐり漁を教わることは叶いません。独学で自立した漁師へと成長していくことは、非常に困難でしょう。そこで、太一が選んだのは、与吉じいさでした。与吉じいさは、「父が死んだ瀬」で一本づり漁をしている老漁師です。「もぐり漁師」から「一本づり漁師」へ――、これは太一にとって大きな将来像の転換でしょう。

そこから、どのような太一の思い・心情が見えてくるでしょうか。

まず、「父が死んだ瀬」での漁の修行を望む思いです。なぜ「父の死んだ瀬」で漁をしたいのかには、二つの捉え方ができます。一つは、太一が「父の死んだ瀬」について深く学び、いつかは瀬にもぐろうとしているという捉えです。何のためにもぐろうとするのかについては、その後の叙述から次第に明確になってきますが、この時点では太一がどのように考えて瀬にもぐりたいと考えているのかは確定することはできません。もう一つは、常に父を身近に感じていたいという捉えです。父の瀬に毎日出ることで、一日たりとも父を忘れず、父の存在を感じながら修行に励むことができます。

次に、卓越した技術を学びたいという思いです。長年村で漁を続けてきた与吉じいさがどのような漁師なのかは、村の漁師ならば誰もが知っていることでしょう。高い技術を持った与吉じいさに学ぶことで、父のような漁師に近付けるかもしれない、そして、瀬に留まり、潮流を読んで臨機応変に対応できるような技術を身に付けたい、と望んだのかもしれません。もぐって魚を突く技術以前に、その場所に留まることがもぐり漁の前提となります。太一は、舞台に立つための技術を会得したかったのだとも考えられます。

その他に太一が知っていたかどうかは分かりませんが、与吉じいさに学ぶことで、与吉じいさのもつ深い思想を学ぶことができます。父に共通した海に対する「謙虚さ」「敬虔さ」を行動で示す与吉じいさに太一は父の面影を見ていたのかもしれません。

結果的に太一の選択は、間違っていませんでした。父に代わる師を見つけた太一の眼は、よほど優れていたと言えます。

与吉じいさが、この時点で瀬の主を「追い求め」ようとする太一の心に気づいていたと考える読者もいるかもしれません。与吉じいさも同じ村に住む太一の父のことは知っていたでしょうし、弟子入りを志願してきたときから、太一の心は十分に分かっていたであろうと思われます。そのように考えた読者にとっては、与吉じいさが師になることを迷ったのは、太一の目にいつか父の海にもぐろうとする決意のようなものを見抜き、弟子入りを堅く断ったとしても、太一はいずれ瀬に向かい、父と同じ末路を迎えるのではないか、そうであるならば、自分の技と思想を伝えることによって、死を回避させてやれるのではないか、と思ったからだと考えるでしょう。いつか訪れる瀬の主との対面。その局面において判断の指針を残すのが、自分の役目だと、与吉じいさは感じていたのかもしれません。

●「千びきに一ぴき」とは何か？

弟子入り後、太一はなかなか与吉じいさにつり糸をにぎらせてもらえませんでしたが、その巧みな技術を間近で見ることができました。毎日、二十匹をつり上げることは決して簡単な仕事ではありません。季節の変容、天気や潮の状況、群れの有無、自身の体調など様々な要因のある中で、毎日確実に二十匹をつり上げることは並大抵のことではないでしょう。全ての考えられる状況の中で、どのような選択をすればよいかが身体に染みついており、的確に対応することが可能な者でなければできません。

そのような高い技術を目の当たりにしながら、太一は、自分に語りかける師の言葉を珠玉の言葉として受け取ったことでしょう。「千びきに一ぴきでいいんだ。千びきいるうち一ぴきをつれば、ずっとこの海で生きていけるよ。」という言葉は、与吉じいさの漁師人生・思想を形容しており、父の「海のめぐみ」と並ぶ象徴的な考えです。そして、「毎日タイを二十ぴきとると、もう道具を片づけ」る行動からも、決して魚資源を獲りすぎず、生態系のバランスを守り続けながら、漁師の仕事を細く長く続けていくことの大切さを教えています。そして、「海のめぐみ」によって生をつないでいる人間は、欲を出したり必要のない殺生をしたりすることを慎むべきであるとの示唆が感じられます。

物語の最後の場面にも、「千びきに一ぴきしかとらないのだから、海の命は全く変わらない」という叙述があります。与吉じいさが独り言のように語ったこの内容を、太一が生涯の教えとして守り切ったことが分かります。繰り返される象徴的な表現は、そのまま作品の最終的なメッセージとして読み手の中に受け取られていきます。

●「村一番の漁師」とは?

光村図書版「海の命」では、一行の行間を設けて時の経過を表現しています。行間があって場面が進み、「弟子になって何年もたったある朝、～」と文の意味上では、長い年月が経過したことを感じさせます。

ほとんどの作業を一人でやるようになった太一に対して、与吉じいさが「自分では気づかないだろうが、おまえは村一番の漁師だ」と声をもらします。

この言葉は何を意味するのでしょうか。「自分では気づかないだろう」という表現から、太一が無心に修行に励んでいる様子がイメージされます。そして、「父の死んだ瀬」で二十四の魚を獲っては、道具を片付ける日々を続ける太一に対して、「おまえは村一番の漁師だ」と告げる言葉からは、与吉じいさの考える「村一番の漁師」の捉えが見えてきます。

それは、漁獲量が多かったり単なるテクニックが優れていたりする漁師ではなく、海の生命力を忘れず、必要な分だけを「海のめぐみ」として末永くいただくという思想を体現できる漁師であり、欲を出さず無理をせず、優れた技術を持ち合わせ、海と長く関わることのできる漁師です。与吉じいさの人物像から、「村一番」には、他の漁師と比較して、太一に優越感を感じさせようとしたのではなく、与吉じいさの思想を最も体現できる立派な漁師へと成長したことを認める意味があるように感じられます。

そして、父と与吉じいさのような高い技術をもった漁師しか漁を続けることが難しい瀬で、唯一太一だけが自分の思い通りの漁をすることができる存在になったのでしょう。「ここはおまえの海だ。」というのは、太一は、そのレベルに達したことを意味しています。

●太一は「与吉じいさの死」をどのように捉えたのか?

瀬に生きた二人目の男が死を迎えます。「毛布をのどまでかけてねむっていた」というその死は安らかで穏やかな死でした。

漁師としての生き方を授けてくれた恩師の死を目の当たりにして、太一はどのような心情だったのでしょうか。叙述には、「悲しみがふき上がってきたが、今の太一は自然な気持ちで、~」とあります。「悲しみ」とは、敬愛する師匠との永遠の別れに対して湧き上がってきた感情でしょう。

では、その感情を上回った太一の「自然な気持ち」とは、何でしょうか。太一の言葉に「海に帰りましたか。」とあります。与吉じいさと過ごした年月の中で、「海で生きる」意味を体得していった太一にとって、海とともに生きてきた者の死は、海に関わる生命の営みの一部であり、自然の摂理のように感じられたのだと考えられます。それは与吉じいさに教えを受けた「今の太一」だからこそ受け止められた死であり、「海に帰る」という表現となったのでしょう。

ここで、読者にとっては意外な言葉が出てきます。「父がそうであったように、与吉じいさも海に帰っていった」と、父の死に対する太一の捉えが突然語り手によって語られるのです。父の死について与吉じいさと同様に「海に帰った」と捉えられるのは、「今の太一」だからなのかもしれませんが、そこには「怒り」や「恨み」のような感情はあまり感じられないように思われます。

また、太一には、与吉じいさに対する「感謝」がありました。海とともに生きることの意味を教えてもらった太一は、「おかげさまでぼくも海で生きられます。」と感謝の気持ちを語ります。「ぼくも」とは、海に生きた信服する存在である父や与吉じいさを意識しての表現でしょう。その感謝には、教えを守り抜こうとする覚悟が感じられます。

ちなみに、本文中には「死」に関する直截な表現がありません。「真夏のある日、…暑いのに、毛布を…」「全てをさとった」「海に帰る」「悲しみ」「両手を合わせる」「父がそうであったように」のような表現から、読者は与吉じいさの死を読み取っていかなければなりません。指導者は、自分が当たり前に読めている叙述でも立ち止まり、子どもたちに読めるかどうかを考えながら、教材の分析をする必要があります。

●父と与吉じいさは似た人物か？

登場人物の相互関係を考える際、中心人物との関係を主に考えることが多いかと思います。父と与吉じいさの場合、物語では登場に時間的な差があり、関わり合う場面もないことから、二人の関係を考える必要もあまりないように感じられます。しかし、この父と与吉じいさをどのように捉えるのかは、この物語の読み方に大きな影響を与える二つ目の読みの局面です。

まず、二人を似た人物だと捉える場合についてです。実際、多くの読者は二人を似た人物だと捉えます。それは、「海のめぐみだからなあ。」に象徴される父のイメージと「千びきに一ぴき」に象徴される与吉じいさのイメージが、海に対する「謙虚さ」「敬虔さ」「感謝」である点、二人が「海に帰った」という点等で共通しているからです。二人を似た人物だと捉えた場合、次のような反応が読者の中に起きると考えられます。

【二人の漁師としての成熟度の比較】

読者は、二人の人物について「どちらが漁師としてより成熟していたのだろう」という比較に視点を向けます。その場合、大きく二つの読み方に分かれるようです。

一つ目は、父と与吉じいさを、「同等」と捉える読みです。

「海のめぐみ」という思想を残して海に帰っていった父の代わりに、「千びきに一ぴき」という思想をもった与吉じいさが太一の師となりました。それによって「海のめぐみ＝千びきに一ぴき」という思想の図式が表れ、二人が同じ思想をもった「同等」の人物であると捉えます。

二つ目は、「与吉じいさより未熟だった父」と捉える読みです。

与吉じいさと父の比較において決定的な相違点は、死に方です。クエとの関わりによってこと切れ、苦しみながら死を迎えた父と、布団の上で静かで穏やかな死を迎えた与吉じいさ。この二人の死を分けたのは、思想を貫いたのかどうかであると読者は考えます。その場合、父は貫かなかった漁師、与吉じいさは貫いた漁師であったと捉えられるでしょう。

しかし、ここでふと疑問が湧いてきます。この「海の命」では、物語が始まって中盤で二人もの重要と思われる登場人物が亡くなってしまうのです。物語の展開上、なぜ二人を死なせてしまうことが必要なのでしょうか。クライマックスの極限の状況で、太一を一人にする必要があったとは思います。しかし、父と与吉じいさが似た人物であるならば、わざわざ二人の死を描くことなく、太一に影響を与えて亡くなる登場人物は一人でもいいようにも思われます。

そこで、二人が似ていない人物ではないかという考えが生じてきます。

【二人の漁の仕方から見える海に対する生き方の比較】

では、二人を似ていない人物として読む場合を考えてみましょう。

読者が、父と与吉じいさを似た人物だと考える根拠は「海のめぐみ」「千びきに一ぴき」に見られる海への思想です。実は、漁師には古くから漁の神を信仰する習慣があり、それぞれに独特の漁業儀礼があります。恵比寿様、竜王様、船霊様などがそうです。もしかすると、父と与吉じいさの海に対する共通する思想は、多くの漁師が持っているこのような海への信仰から生まれたものなのかもしれません。

では、二人の違いは何でしょうか。それは、「漁の仕方」「死に方」にあります。

前述したように、通常、もぐり漁は安全のために複数で行われます。しかし、父は潮の流れが速くて、誰にももぐれない瀬に、たった一人でもぐり、大物のクエと格闘していました。非

	父	与吉じいさ
漁法	もぐり漁師	一本づり漁師
漁師姿	脂ののりきった壮年漁師	引退間近の老漁師
対象魚	クエ	タイ・イサキ・ブリ
漁場	早瀬（海中）	早瀬（海上）
家族	父・母・太一	与吉じいさ一人 （婆さに先立たれている） ※『一人の海』より
漁師の哲学	「海のめぐみ」	「千びきに一ぴき」
海・魚との関わりの描写	・2メートルもある大物をしとめても，じまんしない。 ・不漁の日が10日間続いても，少しも変わらない。	・「ずいぶん魚をとってきたが，もう魚を海に自然に遊ばせてやりたくなっとる。」 ・毎日タイを二十ぴきとると，もう道具を片づけた。
死に方	事故死・窒息死 （苦しみを伴う奪われる死）	自然死・老衰 （静かで穏やかな死）
死の描写	・父はロープを体に巻いたまま，水中でこときれていた。	・真夏のある日，与吉じいさは暑いのに，毛布をのどまでかけてねむっていた。
帰る場所	海	海
エピソード ※『一人の海』より	・クエ獲り名人と村人に讃えられていた。 ・「偏屈太助」が父の通り名であった。 ・父の事件以来，瀬は「太助瀬」と呼ばれるようになった。	・大津波が村を襲ったときに，「海から逃げたら漁師ではなか」と気が弱くなった漁師たちを励ました。 ・レーダーなしで魚群が分かった。
比較における「読みの局面」	「海のめぐみ」の思想をもち，村一番のもぐり漁師であった。	「千びきに一ぴき」の思想をもち，太一を村一番の漁師に育てた。
	「海のめぐみ」の思想を貫くことができず，苦しみの死を迎えた。	「千びきに一ぴき」の思想を貫き，穏やかな死を迎えた。
漁の仕方から見える海に対する生き方	「海に感謝しながらも，命を懸けて海に挑む生き方」	「海に感謝しながらも，あえて海に挑まない生き方」

常に危険な漁の仕方です。そこに、父の海に対する生き方が見えてはこないでしょうか。父は、「海に感謝しながらも、命を懸けて海に挑む生き方」をしていたように感じられます。そうすると、瀬の主との壮絶な格闘の末に命を落とした父の死について、太一が「海に帰った」と表現するのも分かる気がしてきます。

一方の与吉じいさは、同じ瀬で、一本づりの中でも大型船や竿を使わない「手づり」をしていました。巧みな技術のもとで、毎日二十匹の魚を獲ると道具を片付けました。与吉じいさの漁からは、「海に感謝しながらも、あえて海に挑まない生き方」のようなものが見えてきます。

このように二人の海に対する生き方を違うものと捉えたとき、二人のどちらが優れた漁師なのかを比較することはできません。太一が、それぞれの海に対する生き方に触れたことで、クライマックスの場面での葛藤へとつながっていったと読むこともできます。

(4)「母」の人物像を読もう

「父」や「与吉じいさ」に比べると、おざなりな扱いになりがちな「母」の存在ですが、太一に与える影響は決して小さくはありません。母の人物像について考えてみましょう。

●「母」の人物像は？

物語が進み、第四場面になると太一の母が登場します。本来であれば、物語の冒頭から太一に寄り添ってきたはずですが、物語上では与吉じいさの死の後の場面でようやく登場します。そして、その後の登場は、年を重ねた後の第六場面です。父や与吉じいさよりも長い年月を太一と過ごしてきた母の登場は、わずか二箇所のみとなっています。

この少ない母の描写から、読者はどのような母の人物像をイメージするでしょうか。

この二箇所だけでは、弱々しく太一に支えてもらっている母の姿が読者に思い描かれるかもしれません。また、そのような母の思いを振り切って瀬に向かう太一は、自己中心的な人物にも読めます。原作『一人の海』では、父の死の場面に際して、

「漁師の女房は地獄の鬼と暮らしてると同じばいねえ。板子一枚下は地獄というじゃろう。潜り漁師は地獄にふんどし一丁ではいっていくもんねえ。いつでも覚悟はできちょった。そうでなか、あん人とは暮らせんばい」

通夜の席でも、葬式の席でも、母は同じことをくり返しいった。だがいえばいうほど母の悲しみが染みだしてくるようだった。

という母の姿が描かれます。いかがでしょうか。気丈であり、誇り高い母の姿が浮かび上がっ

てきませんか。それでいて夫を失った深い悲しみが強く感じられます。このように『一人の海』では、母の深い思いが描かれていますが、教材「海の命」では、わずか二箇所の登場にとどまっています。

母子のエピソードの割愛は、様々な不具合を起こしています。最も大きな不具合は、母親の存在が物語上で大きな意味を失っていることです。

例えば、唐突な「おまえが、おとうの死んだ瀬にもぐると、いつ言いだすかと思うと、私はおそろしくて夜もねむれないよ。おまえの心の中が見えるようで。」という母の言葉は野暮ったい感じも受けます。中途半端に心配をするのなら、気持ちよく瀬に行かせてやってほしいと思う読者もいるのではないでしょうか。

そのように感じてしまうのは、母一人子一人で、太一が一人前になるまで必死に生活を送ってきた母の様子の叙述がないからでしょう。どうしても、多くを語らない太一の目線になってしまうため、読み手は母の心情に百パーセントの共感を示せないのです。

母の言葉を完全に理解するには、物語に描かれていない海で夫を失った悲しみを、十分に読者が想像する必要があります。「母が毎日見ている海」とは、太一の「自由な世界」と対比されて、「悲しみに束縛される世界」のように感じられます。太一とともに海辺の村に暮らす母は、夫を失った海を毎日見つめながら、悲しみの思いで生活せざるを得ない状況にあります。

また、太一が背負おうとしている「母の悲しみ」とは、何でしょうか。夫を亡くした悲しみの瀬に、今度は愛息がもぐろうとしていることを感じ取っている母の不安や苦しみであり、その苦しさは察するに余りあります。

そして、第六場面では、「おだやかで満ち足りた、美しいおばあさんになった」と描かれています。愛息の死を心配する不安や苦しみから解放された母は、太一の家族に囲まれて、幸せな日々を送っていることがうかがえます。

物語からはなかなか浮かび上がってはきませんが、太一と母の関係が、太一の行動に与えた影響は決して小さくはないようです。

●太一と母の関係を想像する

ここで、物語には描かれていない太一と母の関係を想像してみましょう。

父を亡くした家庭は、その日から経済的にも精神的にも柱を失ったことでしょう。しかし、残された子どもを支えていくために、母はただひたすらに前を向いて日々の生活を送ったのでしょう。その母の姿を太一はそばで見て育ちます。きっと、「父が生きていたら」と弱音を吐くこともせず、母子が一体となって支え合い、暮らしてきたと思われます。

母は太一の心を分かっています。父の死に関わったクエに思いを馳せながら、「村一番の漁師」にまで成長した愛息の心を。ただ、父と太一は違っていてほしいと母は祈るしかありません。母は、太一の無事と幸せだけを願いながら生活していたのでしょう。

太一もまた、母の幸せを願っています。女手一つで「村一番の漁師」になるまで育ててくれた母を、無下に悲しませることはできません。母が最も悲しむことは、自分自身の死であることは分かっています。決して自分は死んではならない。ここまで自分を育ててくれた母の幸せは、太一の幸せでもあるのです。

瀬の主にもりを打つことの抑止力に、母の存在が大きな要因となった可能性も見えてきます。クライマックスの太一の葛藤の理由に、母の存在をクローズアップするべきだとすれば、母子の関係を実感させるような手立てが、授業の伏線として必要になってくるでしょう。

(5) 主人公「太一」の変容を読もう

「海の命」の最難関ポイントである山場・クライマックス場面において、瀬の主にもりを打たなかった太一の変容について考えてみましょう。

●太一の「夢」とは?

第五場面は、物語の山場になります。冒頭の一文は「追い求めているうちに、不意に夢は実現するものだ。」です。読者はここで、物語のターニングポイントへの差し掛かりを感じ、物語上の緊張感を覚えます。そして読者は、太一が「夢」をもっていたことを、語り手から初めて受け取ります。太一の「夢」についての語りは、第五場面のこの一文しか存在しません。

そこで、読者の中に「太一の『夢』とはいったい何なのだろうか」という疑問が生じます。「夢」の中身が明示されていないために、読者が叙述の言葉から推論しなければなりません。

まず、この時点で太一の「夢」が実現してしまったことが語り手から告げられています。「不意に」という言葉によって、「夢」が突然実現されたことが読者に感じられます。

その前後の叙述を見てみましょう。太一は、与吉じいさの死後、「父の死んだ辺りの瀬」に船を進め、その海に飛び込みます。初めてもぐったときに、語り手は「とうとう、父の海にやって来たのだ」と太一の感激を語ります。太一は、長年父の海にもぐりたいと思っていたのでしょう。太一の感激を語ります。ただし、これは太一の「夢」ではないようです。なぜなら、第五場面の時点では、太一が瀬にもぐり続けて「ほぼ一年」が経過しているからです。その後に「夢」が実現したということは、太一が何かの目的のために瀬にもぐり続けているように読めます。

何を求めて太一は瀬にもぐり続けるのでしょう。ほぼ一年間、瀬にもぐり続けてる中で、太一は瀬の中で「二十キロぐらいのクエ」も見かけますが、興味をもてません。太一の「夢」は、父の瀬でクエをとることでもないようです。

そして、第五場面の冒頭で「不意に夢は実現」します。その後の叙述を見てみますと、「海草のゆれる穴のおくに、青い宝石の目を見た」とあります。瀬の主の目です。

ここで、読者は、太一の「夢」が「瀬の主に出会うこと」であったことを読み取ります。そして、その後の「興奮していながら」「これが自分の追い求めてきたまぼろしの魚」という叙述から、その読みが確かであることを感じるのです。

なかには、太一の「夢」が「父のかたきとして瀬の主を倒すこと」であるという読みから「太一の『夢』の実現が指しているのは、物語の終末までではないか」と考える読者もいるようです。しかし、物語の中では太一は瀬の主にもりを打とうとして、打ちませんでした。つまり、当初太一が考えていたものとは違う結果となったのです。とすると、「夢」は実現していないことになります。このことからも太一の「夢」が「瀬の主に出会うこと」であったことが読み取れるでしょう。

しかし、ここで語られていないのは、太一が「何のために瀬の主を探していたのか」という点です。語り手が「夢」という表現を用いたことで、読み手としては、太一の最終目標が達成されたような印象をもってしまいます。しかし、再読をしてその後の太一の行動、物語の結末を知っている読者にとっては、太一の最終目標がそこではないことが分かっているのです。

そこに、太一の「夢」に対して読者が異なった反応を示してしまう要因があるようです。

●太一はなぜ瀬の主を殺そうと思っていたのか?

そもそも太一は瀬の主を殺そうとしていたのでしょうか。その答えは、瀬の主と対峙した場面における「もりをつき出す」「この魚をとらなければ」「殺さないで済んだ」などの叙述から読み取ることができ、太一が瀬の主を殺そうとしていたことが分かります。

では、なぜ太一は、瀬の主を殺そうと思っていたのでしょう。そこでは、大きく二つの読み方に分かれそうです。

一つの読みは、「父のかたきを討つため」です。あこがれだった父の命を奪った瀬の主。瀬の主と対峙するそのときのために、年月をかけながら一歩一歩前に進んでいく太一を読み手は見守ってきています。その太一の姿をいつかかたきを討つために黙々と準備をしているのだと解釈し、物語を「復讐譚」として読み進めている読み手も少なくないはずです。瀬の主を殺そうとする理由が「父のかたきを討つため」であると読んだ場合、読み手は太一に「瀬の主に対する憎しみ、敵意」があると捉えます。

もう一つの読みは、「父を超えるため」です。「村一番のもぐり漁師だった父を破った瀬の主」という叙述から分かるように、太一は父の死を、瀬の主に破れた末の死と捉えています。父と一緒に漁に出ることを望み、目標として心に宿し続けてきた太一にとって、父に並び、超えることはどのようにして測ればよいのでしょうか。最も明確なのは、父が倒せなかった瀬の主を破ることです。瀬の主を殺す理由が「父を超えるため」であると読んだ場合、この物語は

「太一の成長物語」として読み進められ、読者は、瀬の主の存在を太一が「父を超えるための『壁』」として捉えます。

このどちらの読みが適切なのかを検討するには、次の言葉に着目する必要があるでしょう。まず、「村一番のもぐり漁師だった父を破った瀬の主」です。この表現からは、「憎しみ・敵意・かたき」という負のエネルギーではなく、「対戦の末の敗北」という勝負への潔さが感じられます。もし、太一が瀬の主に対して、「憎しみ、敵意」を感じる「父のかたきを討つため」の相手と捉えていれば、「父を殺した瀬の主」という表現となってもおかしくないでしょう。

また、「本当の一人前の漁師になれない」という叙述があります。そこを読むと、読者に「あれ、村一番の漁師と認められていたのでは?」という引っかかりが生まれます。そして、「村一番の漁師」と「本当の一人前の漁師」の表現の違いに気づきます。

「村一番の漁師」について、前節で与吉じいさの捉えとして、「海の生命力を忘れず、必要な分だけを『海のめぐみ』として末永くいただくという思想を体現できる漁師であり、欲を出さず無理をせず、優れた技術を持ち合わせ、海と長く関わることのできる漁師」と述べました。その点について、与吉じいさは太一が村で最も優れていると評価したのでしょう。このように「村一番」というためには、村の他者との比較や他者による評価が必要になります。「村一番」とは、与吉じいさから太一に与えられた評価なのです。

しかし、それはそれとして、太一が自分自身に満足しているのかどうかは別の問題です。では、太一の考える「本当の一人前」とはどのような漁師なのでしょうか。

まず、「本当の一人前の漁師」とは、太一の思いの中に出てきた言葉です。太一は与吉じいさに「村一番」と認められるほど、一人前の漁師には成長していたはずです。しかし、「本当の一人前」にはなることができていないと考えていたようです。太一が「本当の一人前」になるために必要だと考えていたのは、「父を破った瀬の主」を「とる」ことでした。

瀬の主を殺そうとする理由が「父のかたきを討つ」ことであった場合、太一の思いは「本当の一人前」という自己の成長ではなく、父を奪った憎しみのような感情で占められるはずです。

瀬の主を殺そうとする理由を「父を超えるため」であると考えた場合、読み手の頭の中に設定場面での父への強いあこがれや尊敬を見せた太一の言葉が浮かんできます。太一にとって、「本当の一人前」の基準は、目標にしていた父に並び、超えることであり、「父を破った瀬の主」を「とる」ことだったのではないでしょうか。

●太一が瀬の主にもりを打たなかった理由とは？

「太一が瀬の主になぜもりを打たなかったのか」は、「海の命」における最大の課題でしょう。それは、さまざまな解釈の可能性をもち、それまでの細部に至る読みが結実する課題だからです。

まず、太一がいつ変容したのかについて考えてみましょう。太一の転換は、「水の中で太一はふっとほほえみ、口から銀のあぶくを出した。もりの刃先を足の方にどけ、クエに向かってもう一度えがおを作った。」の箇所になります。その理由は、「太一は泣きそうになりながら思う」と瀬の主にもりを打つかどうかを葛藤していたのに、次の段落において「ほほえみ」「銀のあぶく」「えがお」というとても肯定的なイメージの語句が連続して表れ、葛藤状態から抜け出すことができたことを示しているからです。

次に、変容前の太一、つまり瀬の主にもりを打とうとしていたときの太一を確認し、太一がどのように、なぜ変容したのかについていくつかの読みの可能性を考えてみましょう。太一は瀬の主の「全く動こうとはせず」「おだやかな目」「この大魚は自分に殺されたがっている」という悠然とした圧倒的な存在感に、神々しさをも感じていたのではないでしょうか。もし、瀬の主が猛々しくて荒々しい容姿や様子であったなら、もりを打つことに迷いは生じなかったかもしれません。その瀬の主の様子に、太一は、「これまで数限りなく魚を殺してきたのだが、こんな感情になったのは初めてだ。」と葛藤します。

「こんな感情」とはどんな感情なのでしょう。「数限りなく殺して」きたという表現からは、罪悪感のような感情はあまり感じられません。これまで太一は、生態系に影響を及ぼすほど無駄に殺生はしてなくても、漁師として魚の命を奪うことを当たり前のように行っていました。それに対して「だが」という接続詞が添えられていることから、その反対の「殺したくない」「殺せない」のような感情になったことが読み取れます。しかし、太一は「本当の一人前の漁師」になりたいと思っていました。そのために瀬の主をこれまで「追い求めて」きたのです。太一は「泣きそうになりながら」葛藤します。

ここで、太一がどのように、なぜ変容したのかについての読みの可能性を考えてみましょう。

【「瀬の主＝父」という読み】

「おとう、ここにおられたのですか。」という叙述から、「瀬の主」をそのまま「父」として捉える読みです。「全く動こうとはせず」「おだやかな目」という瀬の主の描写が、冒頭の大物をしとめても自慢しない、不漁の日が続いても少しも変わらないという動じない父のイメージと重なります。そして、太一が瀬の主に対して父の魂が乗り移ったなどと感じて、瀬の主に父を見出して「おとう」と発したと考える読者も少なくありません。この読みをしている場合は、その後の「こう思うことによって、太一は瀬の主を殺さないで済んだのだ」という箇所の太一が自分から進んであえて思うことにしたという文意への意識が低い可能性があります。

【「父と与吉じいさの教えを思い出した」という読み】

「父と与吉じいさの教えを思い出した」と捉える読みです。これまで村一番の漁師として生態系を守りながら漁を続けていた太一ですが、瀬の主を目の前にして「こんな感情になったのは初めてだ」と命の重さと畏敬の念を実感します。そこで初めて、「海のめぐみ」「千びきに一ぴき」が本当の教えとなって太一に実感され、その後の太一の「海の命だと思えた」という思いにつながったという考えであり、多くの教室で読まれている読み方でしょう。

【「父の生き方よりも、与吉じいさの生き方を選んだ」という読み】

父の海に対する生き方は、「海に感謝しながらも、挑戦する」生き方でした。父の死後、太一は、「海に感謝しながらも、あえて挑戦しない」生き方をする与吉じいさのもとで教えを守り、「村一番の漁師」であると認められるまでになりましたが、父を破った瀬の主を追い求めようとする思いを止めることができませんでした。

太一は、瀬の主を追い求め出会うまで、父の生き方を追いかけており、その太一が、瀬の主を目の前にして葛藤の末に与吉じいさの生き方を選択したとする読み方になります。この読み方に辿り着くには、事前に父と与吉じいさとの比較を行わせておく必要があります。

【「死を恐れた」という読み】

母への心配と自分の不安を重ね合わせて、もりを打たなかったとする読み方です。太一は、父と同じように自分も瀬の主に破れて命を落とすことは、母の悲しみとなることを自覚しています。それは、「私はおそろしくて夜もねむれないよ。」「母の悲しみさえも背負おうとしていた」からうかがい知ることができます。強大な瀬の主を前にして、太一に自分も父と同じような運命を辿るのではないかという思いがよぎります。この読み方だと、葛藤の中身が変わってきます。「瀬の主を殺して父を超える本当の一人前の漁師になること」と「『殺したくない、殺せない』という感情」との葛藤であったのに、「父を超える本当の一人前の漁師になること」と「父のように瀬の主に破れて自分は死ぬのではないか、母を悲しませるのではないか」との葛藤になってしまいます。この読みをしている場合も、「こう思うことによって、太一は瀬の主を殺さないで済んだのだ」の文への意識はあまり感じられません。

「こう思うことによって」とは、普通では思わないことをあえて意図的に思うことを指しています。太一は、父と瀬の主とを能動的にあえて重ねました。あこがれであり目標であった存在を目の前に実像化したのです。さすがに父を殺すことはできません。「殺さないで済んだのだ」とありますが、殺すなど考えられないような存在に見立てたのです。

では、太一は瀬の主にもりを打たなかったのでしょうか。それとも打てなかったのでしょうか。

これは、叙述からは判断できません。「打たなかった」と捉えた場合、太一は瀬の主を「殺せるけれども殺さなかった」というニュアンスになります。この場合、「太一は瀬の主を殺さないで済んだのだ」という文意そのままの解釈に当てはまります。この「済んだのだ」からは、瀬の主を殺すことは可能だけれども、殺さないで終えることができたと読み取ることができます。

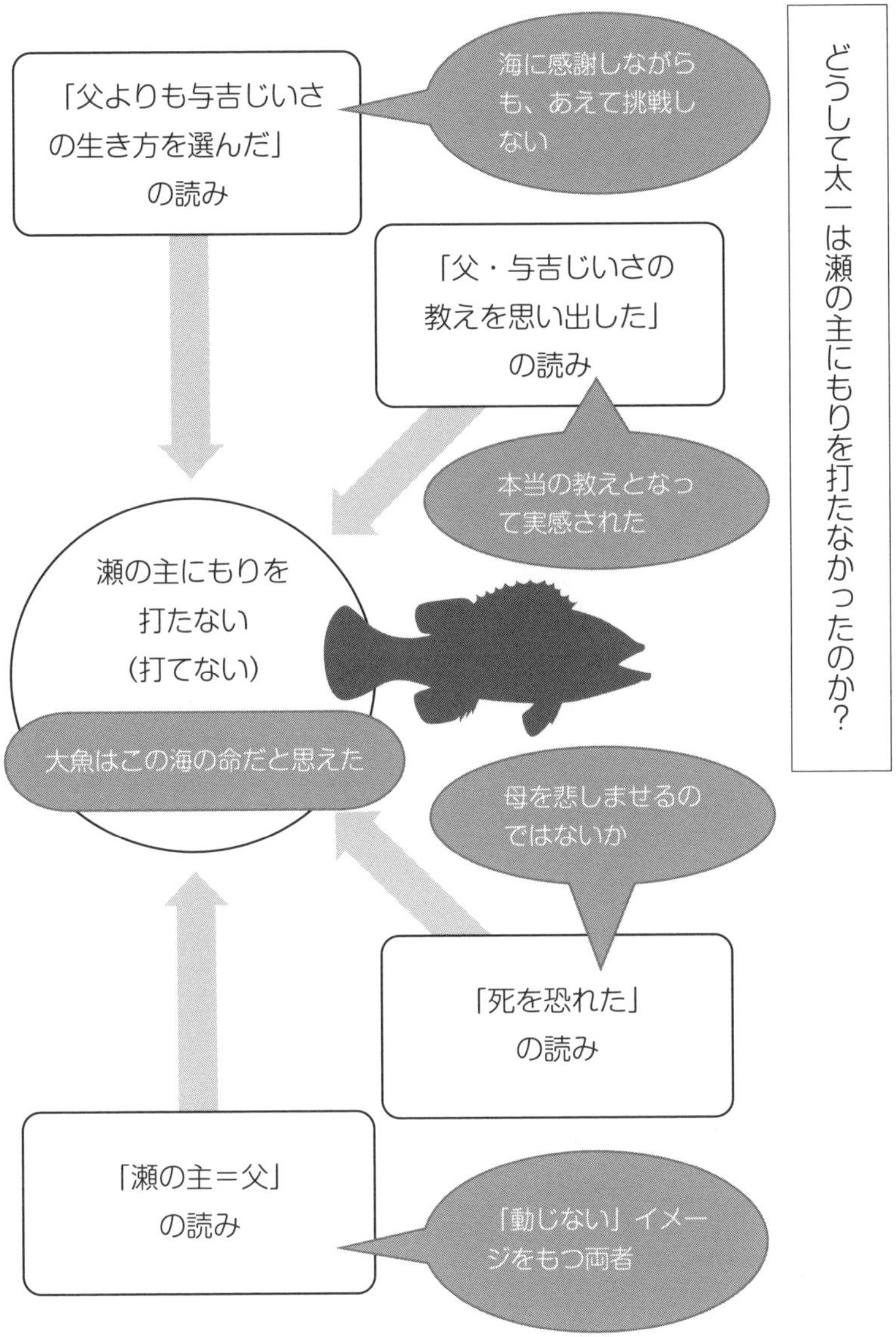
どうして太一は瀬の主にもりを打たなかったのか？
「父よりも与吉じいさの生き方を選んだ」の読み
海に感謝しながらも、あえて挑戦しない
「父・与吉じいさの教えを思い出した」の読み
本当の教えとなって実感された
瀬の主にもりを打たない（打てない）
大魚はこの海の命だと思えた
母を悲しませるのではないか
「死を恐れた」の読み
「瀬の主＝父」の読み
「動じない」イメージをもつ両者

「打てなかった」と捉える場合はどうでしょうか。「こう思うことによって、太一は瀬の主を殺さないで済んだのだ」とは、打てない気持ちを処理するために、自分に言い聞かせたとも捉えることができます。この一文は、太一が自分から進んで思うことにしたという内容です。しかし、次の「大魚はこの海の命だと思えた」の一文は、自分から進んで思うことにしたという内容ではなく、ありのままに感じた思いが語られています。つまり、太一が瀬の主を「打てなかった」ことを示しているともいえます。海の象徴としての存在を、一漁師の「本当の一人前の漁師」へのこだわりによって消すことはできません。畏れ多い行動だと気づき、打てなかったと読むこともできます。

(6) 後日譚を読もう

クライマックス場面を通して、変容した後の太一の生活の様子について考えてみましょう。

●語り手が語るその後の太一とは?

第六場面では、語り手が、それまで寄り添っていた太一の視点から離れ、淡々と第五場面の後の状況を説明します。第五場面からかなりの時間が経過しており、第五場面までに海のことしか考えていないように描かれていた太一が、結婚をして、「父」となって四人の子どもまで育てています。「育てた」と子育てが完了したような表現から、末の子どもも既に成人していることがうかがえます。そして、物語の最後には「生涯」という言葉が語られています。どうやら語り手は、太一の一生を既に見届けているようです。

この場面における母の描写から、太一への「心配」が「安心」に変わったことによって、母がおだやかで満ち足りた年月を経ることができたことが分かります。その後の太一は、母や家族のことを思い、再び危険を冒すような漁に挑むことはなかったのでしょう。

太一の家族の幸せな姿を描くことで、太一が家族の生活を守り、その幸せのために働き続けたことがうかがえます。太一が瀬の主にもりを打たなかったことで得たものは、「幸せな家庭」と「充実した母の人生」でした。母を悲しませなかったことは、太一の父が果たせなかったことであり、その点で太一は父を超えていると考えることもできます。

しかし、太一が守ったのは、家族だけではありませんでした。語り手は、その後の太一自身の状況も伝えています。「村一番の漁師であり続けた」「千びきに一ぴきしかとらない」という叙述から、太一が与吉じいさの教えを守り通したことが分かります。ここで語られる「村一番の漁師であり続けた」とは、視点が太一から離れていることから、太一が目指そうとしたものではなく、語り手による太一の漁師としての評価でしょう。

作者の立松氏は、光村図書の『小学校国語教育相談室』二十四号「なぜ魚を殺さないか―『海の命』を解説する」において、「自然とやさしく向き合った人は、自然からもやさしくされなければならない。太一は幸福にならねばならないのだ」と語っています。

●なぜ太一は誰にも話さなかったのか？

太一は、巨大なクエを岩の穴で見かけたのにもりを打たなかったことを生涯誰にも話しませんでした。そこには、「当然」「言うまでもなく」という意味を表す「もちろん」という副詞が添えられています。「もちろん」があることで、読者には「誰にも話さないのは当然である」という意味が伝わり、太一が誰にも話さなかった思いについて、語り手が同じ思いで代弁しているように感じられます。

では、なぜ太一にとって「巨大なクエを岩の穴で見かけたのにもりを打たなかったこと」を生涯誰にも話さなかったことが、「当然」なのでしょうか。この点については、話せない内容の読み方によって違いが出てくるようです。

一つは、「もりを打たなかったこと」を話せない内容だと捉える読み方です。このような読者は、太一がもりを打たなかった（打てなかった）ことで、「本当の一人前の漁師」になれなかったことを恥じていると感じているようです。当然、他の人たちには話せない話となり、前の二文とのつながりで読んだ場合、もし他の人たちに知られると、「村一番の漁師」の座にはいられなくなるという不安から「もちろん」話さなかった、というように読めてしまいます。クライマックス場面で、太一が死を恐れてもりを打てなかったと解釈した場合に直結しやすく、このような読み方をする子どもも少なくありません。

二つは、「巨大なクエを岩の穴で見かけたこと」を話せない内容だと捉える読み方です。第五場面で瀬の主を「海の命」の象徴のようにとらえた太一にとって、瀬の主の存在が人間に脅かされることがあってはならないと思い、当然誰にも言わなかったと捉える読み方です。また、クライマックス場面で、太一が瀬の主を父のように感じ取ったと解釈したことで、瀬の岩の穴で静穏に過ごす「父」を守りたいからだと考える読み手もいるようです。

三つは、「巨大なクエを岩の穴で見かけたのにもりを打たなかった」出来事そのものを話せない内容だと捉える読み方です。太一の心を感じ取り、父の瀬にもぐることを予感して不安と苦しみを感じながら過ごしていた太一の母は、「おだやかで満ち足りた、美しいおばあさん」になりました。父の瀬にもぐり、瀬の主と対峙した日を境に、太一は母に不安を感じさせないような海とともに生きる姿を見せていたのでしょう。おそらく母には感じ取られていたでしょうが、瀬の主との出来事を一切言葉にしないことは、母を思いやる太一にとって当然のことだったのかもしれません。クライマックス場面での太一の行動に母の存在が大きく影響したと読んだ場合に、直結しやすい読み方です。

最後は、「巨大なクエを岩の穴で見かけたのにもりを打たなかった」出来事そのものについ

どうして太一は誰にも話さなかったのか?

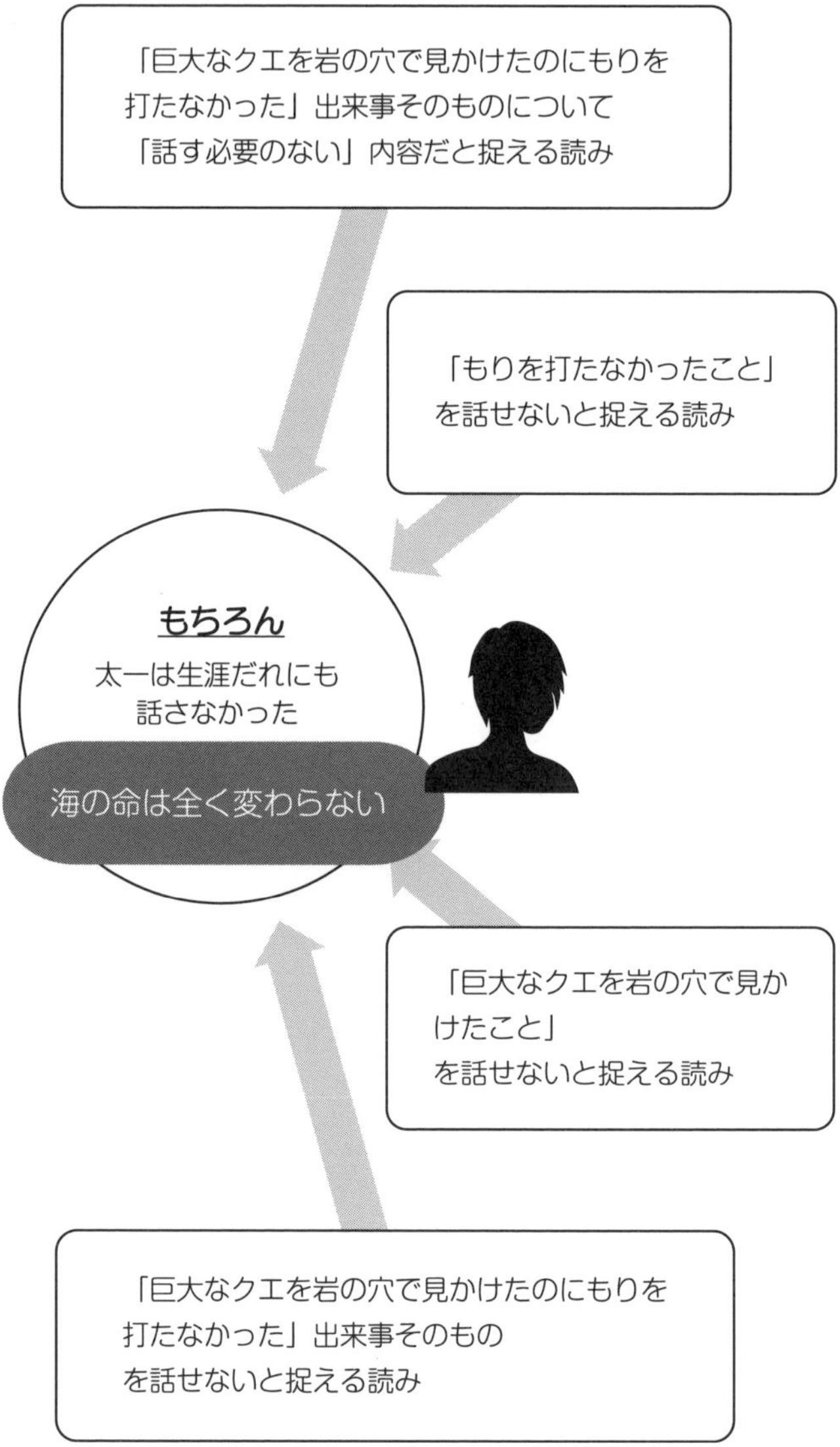
「巨大なクエを岩の穴で見かけたのにもりを打たなかった」出来事そのものについて「話す必要のない」内容だと捉える読み
「もりを打たなかったこと」を話せないと捉える読み
もちろん
太一は生涯だれにも話さなかった
海の命は全く変わらない
「巨大なクエを岩の穴で見かけたこと」を話せないと捉える読み
「巨大なクエを岩の穴で見かけたのにもりを打たなかった」出来事そのものを話せないと捉える読み

て「話す必要のない」内容だと捉える読み方です。瀬の主との出来事は、太一自身を形成する経験となりました。太一は、「海の命」を象徴するような神々しさを感じさせる存在と遭遇し、大きく変容させられました。それは、「海の命」と自分との精神的な交わりであり、他者へ伝える必要性を全く感じないことだったのかもしれません。

●〈海の命〉とは?

もう一つ、学習者にとって本教材における重要な課題が存在します。それは、「海の命とは何か」という問いです。この「海の命」は作品のタイトルであり、また、父の「海のめぐみ」、与吉じいさの「千びきに一ぴき」とつながる象徴的な言葉です。この言葉の意味を捉えることは、すなわちこの物語が伝えんとするメッセージを受け取ることになります。

タイトルを除く本文中では、この「海の命」という言葉は、二か所に登場します。第五場面と第六場面です。これらの場面に至るまでに、読者は、この物語にちりばめられている「海に住む」「海の表情」「海のめぐみ」「千びきに一ぴき」「海に帰る」「海で生きる」のような言葉から、海とともに生きる人々の思想に触れてきています。

第五場面で、語り手は瀬の主にもりを打たなかった太一の心の中について「大魚はこの海の命だと思えた」と語っています。ここで、読み手は「海の命=瀬の主」という捉えをするでしょう。そして、物語のタイトルである「海の命」を思い起こし、この物語における瀬の主は、

「海の命」の象徴的存在であるように感じます。

第四場面で、父の瀬にもぐって見かけた二十キログラムぐらいのクエに対し、太一が「激しい潮の流れに守られているように生きている」と感じ取ったことが、語り手によって語られています。かたや、瀬の主は、百五十キログラムを超える成長しきった老魚です。そのような奇跡的で豊穣な成長を育むことができたのは、海のもつエネルギーによることを太一は父の瀬で身をもって感じたのでしょう。瀬の主の神々しい圧倒的な姿に、海そのものの生命力の表れであると捉えたのです。だからこそ、瀬の主を〈海の命〉であると形容したのでしょう。

しかし、第六場面での「海の命」の言葉の使われ方に読み手は戸惑いを感じます。「千びきに一ぴきしかとらないのだから、海の命は全く変わらない」と語られるからです。ここでの「海の命」は量のように感じられてしまい、「海の命＝瀬の主」の図式に矛盾が生じます。

そこで、海に生きとし生けるもの、海によって生かされている全ての存在を〈海の命〉と捉え、瀬の主が全ての存在の象徴であるという読みに組み替える読み手も少なくないでしょう。

もう一つ、「海の命」について次のような捉えはできないでしょうか。〈海の命〉を〈海の生命力〉であるとする捉えです。海は個々の生命の存在する「場所」ではなく、それ自体が生命力をもっている生き物のような存在だと考えます。その海のもつ生命のエネルギーが、奇跡的である瀬の主のような存在を生み出し、「千びきに一ぴき」しかとらないのだから、海の生命力に変化は生じないという読み方をしても矛盾は生じないでしょう。

この物語では、タイトルである「海の命」という言葉が、読み手に詳しい説明もなく、第五場面と第六場面で一見矛盾するような使われ方をすることで、読み手の想像力が刺激され、いくつもの読み方を引き出す「装置」になっているようです。

(7) 場面構成から読もう

これまで出来事に沿って、中心人物の変容や対人物との関わり、クライマックスなどについて考えてきました。次に視点を変えて、「海の命」の場面構成について俯瞰して見ていきましょう。そうすることで、物語全体を捉えることができ、それぞれの場面の役割が見えてきます。

●「四部構成」について

これまでの解釈では、場面の間に行間が設けられている光村図書版を参考に、教科書教材の「海の命」を六つの場面で説明してきました。

しかし、物語としては、典型的な四部構成になっています。東京書籍版では、この四部構成をページや挿絵で分けて見えやすくしているようです。

四部構成といえば、〈起承転結〉を思い浮かべる方も多いでしょう。基本的には〈起承転結〉ですが、阿部昇氏は、起承転結を典型として物語・小説を読むとズレが起こって構成が見えにくくなる場合があるとして、〈導入部―展開部―山場―終結部〉の四部構成による分け方を提案しています。「海の命」では、四部構成〈導入部―展開部―山場―終結部〉を当てはめて読むことができます。

〈導入部〉は、「前ばなし」や「プロローグ」ともいいます。登場人物や場の設定やこれから始まる事件の枠組みなど、物語の前提となる紹介が述べられます。「海の命」のように、過去の事件を描写した「エピソード」が挿入される場合もあります。

〈展開部〉は、人物が動き出し、山場へと向かう発展が述べられます。物語の中で重要な役割を担う二者が出会う場面も含みます。「海の命」では、太一が与吉じいさに弟子入りをし、村一番の漁師に至るまでの過程が描かれています。

〈山場〉は、文字通り物語の中の「山」を示す部分で、人物の変化や葛藤が彩度や精度をもって描写されます。クライマックスが含まれ、事件や物事の決着が図られたり、中心人物が変容したりします。「海の命」では瀬の主との出会いから太一の心の葛藤・解決までが克明に描かれています。

〈終結部〉は、「後ばなし」「エピローグ」ともいいます。事件後の登場人物の状況などの後日譚の紹介や語り手による解説・意味付けがされたりします。「海の命」では、瀬の主との出会い後の太一や周りの人々の状況が後日譚として語られています。

第一場面	〈導入部〉	父もその父も、その先ずっと顔も知らない父親たちが住んでいた海に、太一もまた住んでいた。～ **【プロローグ　状況設定】**
第二場面	〈展開部〉	中学校を卒業する年の夏、太一は与吉じいさに弟子にしてくれるようたのみに行った。～
第三場面		弟子になって何年もたったある朝、いつものように同じ瀬に漁に出た太一に向かって、与吉じいさはふっと声をもらした。～
第四場面	〈山場〉	ある日、母はこんなふうに言うのだった。～
第五場面		追い求めているうちに、不意に夢は実現するものだ。～ **【クライマックス　人物の内面の葛藤→解決】**
第六場面	〈終結部〉	やがて、太一は村のむすめとけっこんし、子どもを四人育てた。～ **【エピローグ　後日譚】**

中学年以上の物語教材の学習指導では、場面に分けて読ませるよりも、時間や出来事の流れに沿って中心人物に関わるストーリーを追ったほうが、自然な読書に近い状態になります。

しかし、指導者は場面構成をしっかりと把握しておくことが大切です。そうすることで、それぞれの場面の役割や対応関係（つながり）が意識され、子どもたちに考えさせるべき描写や叙述に立ち止まらせることができるようになります。

●場面の対応関係について

第六場面〈終結部〉では、語り手によって後日譚が説明的に語られています。「海の命」における後日譚にはどのような役割があるのでしょうか。第六場面では、前の場面で散りばめられた設定を肯定的に回収しています。その意味で、重要な場面であり、読み手に満足感や充実感を与えるものとなっています。

例えば、母についての叙述です。前述したように、第四場面では「不安」のイメージで包まれていた母ですが、第六場面では見事に「安心」のイメージでハッピーエンドとして収められています。このような物語の肯定的な回収が、重層的に設定してあるのも「海の命」の特徴です。場面の対応関係をまとめると次のようになります。

第一場面〈導入部〉で語られた「父親たちが住んでいた海」に、第六場面では太一も家族をもち、父親となって住んでいることが語られます。海に生きる代々続いてきた漁師家系の中で、太一もまた一人前の漁師として成長し、子どもに引き継いでいく——、そのようなドラマの中で、太一が第一場面の自分の父とは対照的な生き方をしていることも、第六場面とのつながりの中から浮かび上がってきます。

第三場面〈展開部〉で与吉じいさによって語られる「村一番の漁師」に込められた、海とともに生きる漁師のあるべき姿、太一は与吉じいさの亡き後もその教えを守り続け、第六場面でも「村一番の漁師であり続けた」ことが語り手によって語られます。

1 父もその父も、その先ずっと顔も知らない父親たちが住んでいた海に、太一もまた住んでいた。

1 父はもぐり漁師だった。潮の流れが速くて、だれにももぐれない瀬に、たった一人でもぐっては、岩かげにひそむクエをついてきた。

1 父はロープを体に巻いたまま、水中でこときれていた。

3 「自分では気づかないだろうが、おまえは村一番の漁師だよ。太一、ここはおまえの海だ。」

3 父がそうであったように、与吉じいさも海に帰っていったのだ。

第四・五場面〈山場〉

6 やがて、太一は村のむすめとけっこんし、子どもを四人育てた。男と女と二人ずつで、みんな元気でやさしい子どもたちだった。

6 太一は村一番の漁師であり続けた。千びきに一ぴきしかとらないのだから、海の命は全く変わらない。

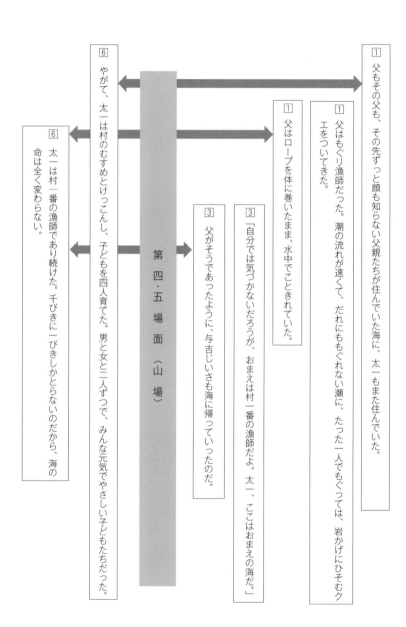

これらのような第六場面との対応関係は、第四・五場面〈山場〉を境にして見られます。そこから、第四・五場面における太一の変容が、第六場面のハッピーエンドにつながっていったことが分かります。

（8）語りや表現描写を読もう

これまで中心人物の変容や対人物との関わり、クライマックスなど、場面構成について考えてきました。最後に物語の「語り」や「表現描写」について考えてみましょう。

「海の命」では、語りの特徴や工夫された表現描写が随所に見られます。それらの言葉によって、読み手の物語世界のイメージは形づくられていきます。物語の展開とは関わりのないような部分に見えますが、語りや表現描写を読むことで物語のより深い理解につながります。

●「語り」の特徴とは？

【「語らないこと」による効果】

語り手は、太一の視点から見たものや太一の心の中を語っています。

しかし、語り手はいつも太一の心を語っているわけではなく、時に離れる場面があるので、本当の太一の心は読み手に見えにくいようになっています。視点人物でありながら、読み手に語られない心情があることによって、自分のことをあまり語ろうとしない寡黙な太一のイメージを読者につくらせているようです。

また、太一の心情が語られないことによって、読み手の思い込みで物語が読み進められ、山場・クライマックス場面での太一の言動に読者が驚きや疑問を感じさせるようになっています。例えば、第一場面で、あこがれ、尊敬する父の死を知ったときの太一の気持ち、強引に与吉じいさへの弟子入りをする太一のねらい、父の瀬にもぐり続ける太一の「夢」など、太一の心の中を語り手は明確には語っていません。そのために、読み手の様々な解釈を許す状況を生み出しています。そして、クライマックス場面で、「当然、太一は……するだろう」という読み手の考えが裏切られます。読み手は、なぜそのような結末になるのかを確かめるために、物語を再読するでしょう。そのとき、読み手は、それまで考えていた太一の気持ちについて、語り手が語っていたわけではなく、自分自身の想像によるものであったことに初めて気づくのです。

【物語の時間の流れについて】

「海の命」は、少年太一が村一番の漁師としてあり続けるまでの成長を描いた〈成長物語〉の型を呈しています。第一場面では子どもだった太一ですが、物語の最後には太一は家族をもって子ども四人を育て上げています。そして、語り手は太一の「生涯」を知っているように語ります。決して長編とは言えない物語の中で、一人の人間の変容と人生を描くために、物語における時間の流れは変則的です。語り手は太一の成長に寄り添い、太一の心理的な時間に従って物語を展開しています。

第一場面から第三場面までは、場面が変わる度に時間がみるみる経過していきますが、第四場面・第五場面〈山場〉になると、太一の目から見た状況が詳細に描写され、時間が切り取られたように描かれます。そして、第六場面になると、また大幅に時間が経ち、数十年後の太一の生活を語っています。

〈語り〉は、常体で短い文体になっています。また、描写が少ないことから、出来事の骨格だけがテンポよく進んでいくのです。そのテンポのよさが年月の経過を効果的に表し、全体的に短い文章の量なのに、違和感がなく読み手に太一の成長を感じ取らせています。

●表現描写の工夫とは？

太一の目から見た状況が詳細に描写される場面は、海に関する場面が多いようです。例えば、与吉じいさの漁の様子を語る場面の「ゆっくりと糸をたぐっていくと、ぬれた金色の光をはね返して、五十センチもあるタイが上がってきた」、初めて太一が父の瀬にもぐった場面での「海中に棒になって差しこんだ光が、波の動きにつれ、かがやきながら交差する」、そして、瀬の主と出会う場面での「魚がえらを動かすたび、水が動くのが分かった」などのような描写は、読み手のイメージを鮮やかにする描写になっています。

なかでも、瀬の主は、多くの色彩によって描写されています。特に、「光る緑色の目をした」「青い宝石の目」「青い目」のように、「目」に関する表現がいくつか見られ、瀬の主の大きな特徴であるといえます。色彩に着目すると、瀬の主の目は【青】を基調としていることが分かります。そして、周りの水や光のイメージは、「銀色にゆれる水面」「銀のあぶく」ように【銀】で表現されています。「海」の色彩といえば、【青】とイメージする方も多いでしょう。ここにイメージのレトリックがあります。瀬の主を【青】と表現することによって、「瀬の主＝海の命」というイメージを与えているのです。そして、そのイメージは、太一の「大魚はこの海の命だと思えた」につながっていきます。

瀬の主の形容については、比喩も効果的に使われています。「まるで岩のような魚」「青い宝石の目」「ひとみは黒いしんじゅのよう」「刃物のような歯」「岩そのものが魚のよう」などが挙げられます。

宝石やしんじゅなどから、「美しさ」や「輝き」が、岩や刃物などから「力強さ」や「おそろしさ」がイメージされます。ここから、「美しさ」と「おそろしさ」をもち合わせる、瀬の主の二面性が感じられます。この瀬の主の二面性は、そのまま〈自然〉のイメージへと移行ができるのです。瀬の主は、「美しさ」と「おそろしさ」を併せもつ唯一無二の存在なのです。

●文末表現について

〈文末表現〉にも、作者の表現の工夫が施されています。第一場面から第四場面の文末の文字には、助動詞の「た（だ）」が多用されています。例を挙げましょう。

Ⅰ　子どものころから、太一はこう言ってはばからなかった。

Ⅱ　与吉じいさは、毎日タイを二十ぴきとると、もう道具を片づけた。

Ⅲ　父がそうであったように、与吉じいさも海に帰っていったのだ。

Ⅳ　とうとう、父の海にやって来たのだ。

これらの表現によって、テンポのよさを効果的に生み出しています。テンポのよさは、時間の経過を効果的に表します。また、「～だ」や「～のだ」は、断定を表し、第一場面から第四場面の一つ一つの出来事を、くさびのように力強く印象付けています。

では、第五場面の文末はどうなっているでしょうか。第五場面には、現在形の文末が多用されています。

・息を吸ってもどると、同じ所に同じ青い目がある。〈現在形〉

・これが自分の追い求めてきたまぼろしの魚、村一番のもぐり漁師だった父を破った瀬の主なのかもしれない。〈現在形〉

・この魚をとらなければ、本当の一人前の漁師にはなれないのだと、太一は泣きそうになりながら思う。〈現在形〉

現在形の表現は、読み手に現場の臨場感を感じさせます。このような方法で臨場感を出している場面は、太一の目から見た状況が詳細に描写される海に関する場面で多く見られます。

●「瀬の主」の呼称

「瀬の主」は他にどのような呼ばれ方をしているでしょう。登場する順に確認しましょう。まず、父ともう一方のロープの先には、光る緑色の目をした【クエ】がいました。そしてすぐさま、父のもりを体に突き刺した【瀬の主】と表現されています。第五場面では【まぼろしの魚】、この【大魚】は自分に殺されたがっている、【この魚】をとらなければ、本当の一人前の漁師にはなれないのだと、太一は泣きそうになりながら思う、そして【海の命】と様々です。第六場面では【巨大なクエ】と呼ばれています。短い物語の中で、これほど呼称のある存在はあまりないでしょう。何か書き手の意図があるに違いありません。

太一も「まぼろしの魚」と表現しましたが、読み手には、瀬の主が得体のしれない存在に思われます。幾つもの名前で表現することで、読み手の中に、瀬の主に対する神秘的なイメージを感じさせるようにしているのでしょう。

●題名について

物語の題名における「の」という助詞は、非常に重要な役割を持っています。それは、助詞の「の」に、語と語の関係を表したり、いろいろな意味をそえたりする働きがあるからです。「の」の意味は、前の名詞と後の名詞の意味関係から発生しますが、その意味関係は単純ではありません。

本教材「海の命」の「海」という語、「命」という語、そのどちらの語も読者にとっては理解が及ぶ語です。しかし、語が複合して、「海の命」となると、とたんに言葉に広がりが生まれ、象徴的な内容になります。それによって、読者は簡単に理解ができなくなります。例えば、次のような読み方ができるでしょう。

・私の心。〈ガ持つ〉の場合、「海が持つ命」
・三番目の駅。〈ニある〉の場合、「海にある命」
・博士の称号。〈トいう〉の場合、「海という命」
・従来の気象観察。〈カラ行われてきた〉の場合、「海から生まれた命」
・青森の学会。〈デ行われる〉の場合、「海で育まれた命」

このように、「海の命」の具体を何と捉えるかによって、「の」の意味が変わってきます。そのため物語を読む前に、題名読みをすることで、「どんな物語なんだろう」「海の命って何だろう」というような疑問を読者に喚起させます。しかし、その時点では考えるための材料がないため、その疑問は、物語を読み進めれば解決できるという期待感に変わります。その一連の思考の流れが「読みたい」という読者の能動的な意識につながっていくのです。

〈題名読み〉は、作品のテーマを考えるうえで有効な学習活動です。読解を進める前には、意欲の喚起や課題の焦点化の場面で、読解が進んだ後には、テーマの追究の場面で設定することで、学習者の主体的な学習へとつながっていきます。

3 学習の目標を設定しよう

(1) 教材の特性から目標を考えよう

教材の分析・解釈をしたことで教材の特性が見えてきました。それを基に学習目標（指導目標）を設定します。本来なら学級の子どもたちの実態から学習の中で付けるべき学習の目標を設定し、それに合った教材を選定するべきなのでしょうが、各学校には教科書教材を中心にした教育課程があり、学習の中で取り扱う教材が指定されています。

教科書の指導書には、その教材を学習することで目指す目標が書かれていますが、その目標が常に学級の実態に合ったものになっているとは限りません。まず、その教材を使って、どんな国語の力を子どもたちに付けられるのかを考えてみましょう。そして、子どもたちの実態に合った目標を設定します。

（2）「海の命」から指導目標を設定しよう

中心人物の設定と変化、対人物、場面の構成、物語の中での語りや表現描写について考えてきました。では、教材を読むことを通して、子どもたちに物語の読み方の何を身に付けさせることができるでしょうか。

●教材の特性から考えられる目標を書き出そう

教材を分析し、解釈したことから「海の命」を読んで設定できそうな目標を書き出してみましょう。

○叙述を読んで、場面の様子を想像する
○人物の設定を読む
○人物の心情の変化を読む
○情景から人物の心情を読む
○書かれていない人物の心情を考える
○語りや人物の視点の変化を考える

○語り手の存在を意識し、物語の背景を考える
○人物の役割について考える
○物語の構成や場面の役割について考える
○読後感から読む
○物語の後を想像する

他にもまだまだあるかもしれません。大切なのは、一人の読み手として教材と出合ったときの感動の理由を解き明かすには、教材の何を読ませていけばいいのかを教師が考えることです。そうすることで、子どもたちが教材と出合ったときの感動を大切にし、その感動から自然な形で単元を通した学習課題を設定することができるようになります。

「海の命」の場合は、クライマックス場面で、太一が瀬の主を仕留めないという判断を下した理由や思いについて話し合っていくことが中心となるでしょう。本教材の学習で話し合いを通して明らかになり、読者の感動を深めていくのは、文章に明らかにされていない太一の心の奥にある「葛藤」でしょう。太一の成長に沿って育まれてきた瀬の主への思い、与吉じいさの教えを貫こうとする思い、父を超える漁師になりたいという思い、母への思い――。さまざまな思いが混ざり合って辿り着いた決断。その解釈には、太一の心情を映し出す象徴的な表現やそれぞれの人物の考え方や生き方、人物相互の関係が大きく影響しています。その太一の「葛

藤」と「決断」の理由について自分の言葉で読みを示し、自分の考えをまとめる。学習では、太一に影響を与えた人物の人物像や関係を考えさせ、太一の生き方について根拠と理由を挙げながら吟味させることが重要になってくるでしょう。

●教科書の単元名を見てみよう

では、各教科書会社は「海の命」からどのような学習を設定しているのでしょうか。それぞれの教科書（平成二九年度版）では、次のような単元名と活動目標が設定されています。

○光村図書六年……**登場人物の関係をとらえ、人物の生き方について話し合おう**
　登場人物の関係に気をつけて読み、人物の生き方について自分の考えをまとめよう。

○東京書籍六年……**感動の中心をとらえよう**
　物語が自分に最も強く語りかけてきたことをまとめる。

光村図書は、登場人物の関係に気をつけて読み、登場人物の気持ちや変化を踏まえた「生き方」について自分の考えをまとめることを単元の目標に挙げています。また、東京書籍は、人物の「生き方」を軸に、物語が自分に最も強く語りかけてきたことをまとめることを単元の目標に挙げています。人物の考え方や行動について、さまざまな思いや考えを引き起こす教材だからこそ、それぞれが感じたことについて自分の言葉でまとめる活動を中心にしているようです。

『小学校学習指導要領（平成二九年告示）解説　国語編』でいえば、「読むこと」の「(1)イ　登場人物の相互関係や心情などについて、描写を基に捉えること」や「(1)エ　人物像や物語などの全体像を具体的に想像したり、表現の効果を考えたりすること」、また、「(1)カ　文章を読んでまとめた意見や感想を共有し、自分の考えを広げること」に当たります。

●学級の実態に合った目標を設定しよう

「海の命」は大人が読んでもその生き方に心を打たれ、考えさせられる物語です。文学的な文章は、読み手の年齢や経験などによって受け止められ方が大きく異なってきます。よく陥りがちな授業の失敗の一つに、教師が長い時間をかけて教材を分析し、教師が解釈したことの全てを子どもたちに考えさせようとすることがあります。私たち教師は、子どもたちに「海の命」を教えるのではなく、「海の命」を読むことを通して子どもたちにどんな読み方を身に付けさせることができるのかを考えなければなりません。

教科書を見てみますと、二社とも「海の命」を小学校段階の最後の時期に掲載しています。六年生段階の子どもたちは、心と体に大きな変化が起こり、自身と向き合い始めます。自分や相手の気持ちをより適切に感じ、表現できるようになり、自分の生き方について意識し始める時期といえます。その目の前の子どもたちが、どんな読み方をする傾向にあるのかをしっかりと分析し、適切な指導の目標を設定することが大切です。

【参考文献】

・立松和平　みのもけんじ『海鳴星』一九九三年、集英社
・『小学校国語教育相談室　NO・二四』、一九九八年、光村図書
・田中実・須貝千里『文学の力×教材の力　小学校編六年』二〇〇一年、教育出版
・昌子佳広「教材『海の命』論（1）」『国語教育論叢一四』二〇〇五年、島根大学
・山本欣司「立松和平『海の命』を読む」『日本文学五四』二〇〇五年、日本文学協会
・昌子佳広「教材『海の命』論（2）」『国語教育論叢一五』二〇〇六年、島根大学

第２章

指導方法を構想する力を高めよう

教材研究とは、**「教材の分析・解釈」**と**「指導方法の構想」**のことであり、指導方法を構想していくためには、何よりもしっかりとした教材の分析・解釈が重要です。前章で実際に分析したように、物語中の一つ一つの言葉が緊密につながりあって、読者の中に物語世界をつくりあげます。教師が教材を分析・解釈することで、子どもたちにどの言葉とつなげて考えさせる必要があるのかが見えてくるのです（また、授業における子どもたちの発言の聴き方も変わってきます。この点については、第3章実践編で述べます）。

そこで、本章では教材分析・解釈したことを基に、どのように指導方法を構想していけばいいのかについて考えてみましょう。

1 学級の実態と教師の力量に応じた指導方法を設定しよう

まず、単元を通して場面ごとに分けて読ませていくのか、教材全体を対象にして読ませていくのかについて考えてみましょう。

物語を読む授業の中で子どもたちに求められるのは、単純に考えれば、どの言葉に着目して、どの言葉とどの言葉をつなげて考えたのか、そしてどのように解釈したのか、その解釈したことについて自分はどのように感じ、何を考えたのかということです。

「言葉をつなげて考える」という点についてもう少し説明をします。

基本的な物語の構造は、**「舞台や人物の設定―人物の変化への伏線―人物の行動やものの見方・考え方の転換―人物の変容」**となっています。人物の**「変化」**を理解するためには、それ以前の状態、つまり**「設定」**を理解しておかなければなりませんし、一読すると劇的に**「変化」**したように見える人物も実はそのきっかけとなる出会いや出来事、変化の兆しとなる**「伏線」**が物語中に張られています。

このような物語の中での言葉のつながりを授業の中で子どもたち自身が見出し、解釈し、評価していくことが求められるのです。

従来より多くの教室で行われてきた物語を場面ごとに分けて読む読み方ではなく、近年は物語全体を対象にした「丸ごと読み」の授業を求める声が増えてきました。どちらの指導方法にもよい点や気をつけるべき点があります。

まず、**場面ごとに分けて読ませる場合**についてです。

場面に区切ると、読む範囲が限定され、つなげる言葉を探しやすくなります。話のあらすじを把握していない子どもたちや物語の読み方に慣れていない子どもたち、低学年段階の子どもたちに向いた読み方かもしれません。気をつけるべきことは、違う場面の言葉やその前の場面までに学習してきたこととつなげて考えることができにくくなる点です。そのため、教師がこれまで学習したことのまとめを掲示して学習を振り返りやすくしたり、違う場面の言葉に気づくように発問したりする場合があります。

次に、**物語全体を対象にして読ませる場合**についてです。場面ごとに分ける場合とは逆に、子どもたちにとっては言葉を探す範囲の限定がなくなり、授業で問題となっている文章中の箇所とは離れた箇所から言葉を探すことができます。そのためには、授業の前までに何度も教材文を読み込ませ、物語の流れを頭の中に入れておかせる必要があります。尋ねられたことに反応し、「そのことについては、あそこにあんな言葉が書いてあったはずだ」とすぐに教科書のページをめくって、言葉を探せるようにしておかなければ、子どもたちが授業での話し合いに参加することはできません。

そして、物語全体を対象にして読ませる場合、何よりも子どもたちにとって適切な読みの課題と教師の指導力量が必要になります。教師は、単元を通して子どもたちが教材を読み深めていくために必要な課題を、子どもたちの反応を予想しながら設定しなければなりません。そして、本時では、子どもたちから出される様々な箇所からの言葉や考えをどのように教師が整理し、授業の中で子どもたちにどのように示していくのかが重要になるのです。

2 教材の特性に応じた活動を設定しよう

これまでと同様、『小学校学習指導要領』（平成二九年告示）においても、言語能力の育成を図るため、「国語科を要としつつ各教科の特質に応じて、児童の言語活動を充実させること」が求められています。そのためには、教師の教材の分析・解釈を基盤とし、活動の特性を意識しながら、授業で子どもたちの読みを深めさせていくのに適した記録・要約・説明・論述等の活動を選択していく必要があります。

一つの教材でも設定する指導目標が違うように、目標に迫るための学習活動の方法も様々です。それぞれの活動には特性があり、教材と設定した指導の目標に応じた活動を選択しなければなりません。

そこで、いくつかの活動を挙げながらその特性と「海の命」で設定する際のポイントについて考えてみましょう。

（1）音読・朗読

文章を声に出して読んで理解したり、文章の内容や文体から読者がイメージしたことや感動した気持ちを音声で聞き手に表現したりする活動です。『小学校学習指導要領（平成二九年告示）解説 国語編』では、「音読、朗読」は〔知識及び技能〕に位置付けられました。しかし、指導に当たっては、〔思考力、判断力、表現力等〕の他の指導事項等と適切に関連付けて指導することが重要であると示されています。音読、朗読は、**読み手が人物や語り手に同化するのを促す**ことができます。逆を言えば、音声化することで読み手の解釈が明らかになりますし、教師はこの点に留意して子どもたちに音読、朗読を聞かせなければなりません。

例えば、「海の命」では、第一場面の物語の設定場面において太一の「ぼくは漁師になる。おとうといっしょに海に出るんだ。」の発言を、淡々と抑揚なく読むのと、力強く思いを伝えるように読むのとでは、少年太一の人物像が大きく変わってきます（太一にとっての父の存在の大きさや関係性を示すためにも、力強く思いを伝えるように読む方がいいでしょう）。また、第五場面で瀬の主に父を見出した太一の「おとう、ここにおられたのですか。また会いに来ますから。」をどのように読むかによっても解釈が変わってきます。さわやかに悟りを開いたかのように清々しく読むのと、自分に言い聞かすように苦しみを抱えながら読むのとでは、瀬の主に父を重ねた思いに違いが生じてきます。

音声化された表現はその場に残りません。表現されたものを基に話し合う場合は、音声を記

活動	特性	留意点
音読・朗読	読み手がイメージしたことや感動した気持ちを音声で聞き手に表現する。読み手が人物や語り手に同化するのを促す。	音声を記録したり、音読するための記号を用いたり、教師が再現したりする必要がある。
ディベート	主体的に議論し、多様な視点に立って論理的に考える。	解釈の妥当性を評価の観点としたり、一つの解釈に収斂したりしないようにする。
日記	文章中に書かれていない人物の心情を読み手が想像して埋めて書く。	日記をどの場面のどの人物の立場から書かせるか。
手紙	読み手が文章中に書かれていない人物の心情を想像し、物語世界の外から人物の行動や考えについて評価をする。	手紙をどの場面のどの人物に対して書かせるのか。
劇・動作化	人物の設定や状況・部面から人物の心情や表情を想像し、動作や行動に表現する。	表現する目的や表現させる場面をはっきりとさせた上で、活動させる。
新聞	物語の中の出来事を要約したり、違う視点から再構成したりして表現する。	文学作品を新聞にする場合、作品の世界を台無しにしてしまう可能性がある。
書評	あらすじをまとめ、文章中の言葉などを引用しながら論理的に評価する。	評価の観点を示したり、見直すことを想定してノートをまとめさせたりする。
作品論	「なぜそう感じたか」の根拠を客観的に筋道立てて書く。	難しく捉えて書き出せない場合があるため、例を示したり、構成に沿って表現させたりといった手立てが必要。
他の物語を読む	一つのテーマや観点をもって本を選択して読む。	テーマや観点の設定が大切。

録したり音読するための記号を用いたり、教師が再現したりする必要があります。

(2) ディベート

あらかじめ設定された論題に対し、見解が対立する二つの立場に分かれ、一定のルールに従って議論を行います。最終的には、第三者がどちらが優位だったのかを審判し、勝敗が決まります。そのゲーム性から子どもたちは主体的に議論したり多様な視点に立って考えたりしようとします。文学教材の解釈の対立点を論題にする場合、**議論の優劣ではなく解釈の妥当性を評価の観点とすること**や**一つの解釈に収斂していかないようにすること**が大切でしょう。

例えば、「海の命」では、瀬の主にもりを打つことを止めて千匹に一匹の教えを守り通し、村一番の漁師であり続けた太一の生き方について賛成か反対かを討論する活動が考えられます。表面上の言葉のやりとりの楽しさに終始せずに、「何のためにディベートをするのか」を子どもたちに意識させることが大切です。自分の考えの深まりや広がりにつなげ、自分の生き方に目を向けさせていきたいものです。

(3) 日記

読み手が、登場人物になりきって物語の中で起きた出来事やそのときの心情などを記録していく形で書きます。物語の中で時間の経過が何日間にもわたる場合に設定できる活動です。登場人物になりきることで、**文章中に書かれていない人物の心情**を読み手が想像して埋めて書かなければなりません。この活動のポイントは、読み手の解釈を引き出すために、日記をどの場面のどの人物の立場から書かせるのかでしょう。

例えば、「海の命」の場合、各場面において成長に応じた太一の日記を書く活動が考えられます。物語は太一の視点から描かれていますが、その心情についての叙述は少なく、読み手によって太一の心情についての想像が必要になってきます。父が瀬の主に破れた場面、与吉じいさに弟子入りをして修行を重ねる場面、父の海にやってきて壮大な音楽を聞いているような気分になった場面など、各場面において、太一がどのような思いで行動したのかについて読み手の解釈が表現される活動になります。

(4) 手紙

読み手が、登場人物に対して語りかけるような形で書きます。日記と同様に読み手の解釈を引き出すために、手紙をどの場面のどの人物に対して書かせるのかがポイントになります。日記と違う点は、読み手が人物になりきるのではなく、**文章中に書かれていない人物の心情**を想像し、物語世界の外から**人物の行動や考えに対して評価をしていく**点です。

例えば、「海の命」の場合では、第四場面で「おとうの死んだ瀬にもぐろうとする太一を心配する母に対して手紙を書こう」という活動を設定すれば、子どもたちは読み取った母の境遇や母の気持ちへの共感などを書いていきます。

また、第六場面の後日譚での太一への手紙を書く活動を設定すれば、家族をつくり、巨大なクエを見かけたのにもりを打たなかったことを生涯誰にも話さなかった太一に対して、読者である子どもたちが評価をすることになります。

そして、日記や手紙を書かせる場合、どのように授業に位置付けるのかを考えることも必要です。授業の最初に書かせたものを発表し合い、互いの解釈の違いから学習の導入へとつなげる場面か、人物の心情などについて話し合った後に学習のまとめとして自分の考えを整理する場面かなど、学習のどの過程に位置付けるかが大切です。

(5) 劇・動作化

劇については、上演を目的にしたものと、上演ではなく表現活動や体験を目的にしたものがあります。子どもたちは、人物の設定や状況・場面から**人物の心情や表情、動きを想像し**、動作や行動に表現します。表現する目的や表現させる場面をはっきりとさせた上で、活動させることが大切です。

例えば、「海の命」の場合では、第五場面の「興奮していながら太一は冷静だった」から「大魚はこの海の命だと思えた」までを太一の心情を読み取るために劇化・動作化させてみてはどうでしょうか。もう一度瀬の主のもとにもどってくるときは、どのようにしてもどってきたのか、泣きそうになりながら思っていたのにどのように笑顔をつくったのか。葛藤の場面における心の動きについて体験的に考えさせることができます。

(6) 新聞

新聞の紙面は分割され、見出し・リード・本文で成る記事やコラム・社説などで構成されています。また、記事の重要度によって割かれる紙面の割合や見出しの大きさが変わります。記事を書くには、客観的に5W1Hを入れて報告したり、図表を入れて解説したりする必要があるため、子どもたちは、**物語の中の出来事を要約**したり、**違う視点から再構成**したりして表現しなければなりません。また、グループで新聞を作る場合には、どの記事を載せるかについての編集会議も必要になるでしょう。

例えば、「海の命」の場合では、登場人物の人物像を中心にした内容や、太一の成長を軸にした内容などが考えられるでしょう。物語のストーリーを中心にした内容の場合、太一が葛藤の末、瀬の主にもりを打たなかったことについての記事を大きく書く子が多いと思われます。

しかし、物語文を新聞にする場合、読者が感動する場面について客観的に出来事の報告をしなければならない難しさがあります。編集後記として書き手の思いを書くこともできますが、ともすれば、記事が三面記事のパロディのようになり、作品の世界を台無しにしてしまう可能性があることに留意する必要があります。

（7）書評

書評とは、**「物語のあらすじの紹介」**と**「物語に対する評価」**を書いたものです。評価については、**文章中の言葉などを引用しながら論理的に述べて、**書評を読んだ人が納得したり共感したりするように書きます。場合によって、教師が評価の観点を示したり、後で書評を書く際に見直すことを想定して、各時間の学習ノートのまとめ方を工夫させたりする必要があります。

例えば、「海の命」の場合、自分が考えたことや学んだことを、自分の経験や考えと関連させて話し合う活動が設定できます。また、疑問に思って考えたことや心に残った場面や言葉、語りや表現描写の工夫などテーマを絞り、自分の考えをあらすじと組み合わせてまとめることで書評が完成します。

（8）作品論

作品論といえば、大学でのレポートのような難しい印象を受けますが、ある物語について、感想文ではなく解説を書くと考えると分かりやすいかもしれません。自分が感じたこと、思ったことをそのまま書いたのでは、感想文になってしまいます。**「なぜそう感じたか」の根拠を客観的に筋道立てて書く**ことが大切になります。

例えば、「海の命」の場合では、「どうして太一はクエにもりを打たなかったことを生涯だれにも話さなかったのか」という課題について、授業で話し合ったことを基に自分の考えを根拠を挙げながら筋道立てて書くという活動が考えられます。一つの作品について引っかかりを感じる箇所について自分の考えを論じたものを合わせると、その物語を解説する作品論が完成します。ただし、この活動では、書くことを難しく捉えてしまい、書き出せない場合が考えられます。作品論の例を示したり、構成例に沿って表現させたりといった手立てが必要になります。

(9) 他の物語を読む

教材の物語を読むことをきっかけに他の本や物語を読むことに広げていくこともできます。他の物語に広げていく場合、最初に読んだ教材の読み方を基に**一つのテーマや観点をもって本を選択して読む活動**を設定するようにします。そして、それぞれが選択して読んだ作品について同じ観点で発表し、話し合うことで、新たに見えてくるものがあります。

例えば、「海の命」の場合では、作者が『山のいのち』『街のいのち』『田んぼのいのち』『川のいのち』『木のいのち』『牧場のいのち』とさまざまな「いのち」を題材にした作品を書いています。それぞれの作品を読み味わうことによって、自分と「いのち」についての考えに深まりや広がりが生まれることが期待できます。また、自分が最も好きな「いのち」シリーズについて語り合ったり、作者立松和平の考えに迫っていったりする活動も設定できます。

『小学校学習指導要領(平成二九年告示)解説　国語編』では、高学年の「読むこと」の言語活動例として「詩や物語、伝記などを読み、内容を説明したり、自分の生き方などについて考えたことを伝え合ったりする活動」が挙げられています。「海の命」における過去の実践では、総合的な学習と関連させて「いのち」について考え、意見文にまとめたり、新しい物語を創作したりといった「いのち」シリーズを活用した実践も見られます。

3 単元を構想しよう

単元の指導目標の達成に向け、目の前の子どもたちに適切と思われる学習課題や学習活動の方法を設定し、単元を組み立てましょう。

「海の命」では、「(1)イ　登場人物の相互関係や心情などについて、描写を基に捉えること」、「(1)エ　人物像や物語などの全体像を具体的に想像したり、表現の効果を考えたりすること」を通して、太一に関わる人々の考え方や太一の成長と葛藤について捉え、太一の生き方について「(1)カ　文章を読んでまとめた意見や感想を共有し、自分の考えを広げること」が中心になるでしょう。

そこで、単元の指導目標を、

○太一を中心とする登場人物の相互関係や心情、場面についての描写を捉え、自分の考えをまとめること。
○「海の命」を読んで考えたことを発表し合い、自分の考えを広げたり深めたりすること。

とし、単元構想づくりの一例をご紹介したいと思います。

(1) 子どもたちの実態を捉えよう

授業には、どんな子どもにも効果がある「万能薬」はありません。目の前の子どもたちの実態に合わせて、その方法や手立てについて細かく検討していく必要があります。そこで、一つの学級の授業をモデルに授業づくりの具体について述べていきたいと思います。

実践編の学級の子どもたちは、物語の教材を読む学習に意欲的に取り組みます。しかし、描かれていることを表面的に読み、自分の読みについて根拠が不確かなまま印象を述べる傾向があるため、「根拠を明確にして自分の読みを説明する」という力を付ける必要があります。

本教材「海の命」と出合った子どもたちが、初めの段階においてクライマックスの太一の行動の真意を理解することは難しいでしょう。そこで、「どうして太一は瀬の主にもりを打たなかったのだろう」という中心となる課題の下で、太一の行動の真意について自分の言葉で解説できることを目標に学習を進めていきたいと思います。

(2) 学習のゴールである「目指す子どもの姿」を明確にしよう

本教材を通しては、人物像や登場人物の相互関係、象徴などを解釈して吟味する力を子どもたちに身に付けさせたいと思います。教材における最大の課題「どうして太一は瀬の主にもりを打たなかったのだろう」についての自分の読みを構築させるために、本課題を意識させながら各時間の課題について話し合わせていきます。太一や太一に関わる人物の関係など、付随するさまざまな課題についての考えを、根拠を基にして明らかにしていくことによって、最大の課題に対する自分の読みにつなげるようにします。

(3) 学習課題と学習活動を設定しよう

単元の指導目標を達成するために、次のような流れで授業を計画します。

① **「太一はどんな少年だったのか」(太一や父の人物設定)** について話し合うことを通して、父の人物像や少年時代の太一の思いについて考えさせる。

② **「どうして太一は与吉じいさの弟子になったのか」(与吉じいさの人物設定)** について話し合うことを通して、与吉じいさの人物像や修行時代の太一の思いについて考えさせる。

③**「父と与吉じいさは似た人物か」（父と与吉じいさの生き方の比較）**について話し合うことを通して、二人の共通した考え方や海に対する生き方の違いについて考えさせる。

④**「この物語に母は必要か」（母の人物設定）**について話し合うことを通して、母の太一への思い、物語における母の役割について考えさせる。

⑤**「どうして太一は瀬の主にもりを打たなかったのか」（太一の変化）**について話し合うことを通して、太一の考える漁師としての生き方や瀬の主に対する太一の気持ちの変化について考えさせる。

⑥**「『海の命』とは何か」**について話し合うことを通して、作品から受け取られるメッセージを考えさせる。

単元を通した中心の課題「どうして太一は瀬の主にもりを打たなかったのだろう」を考えるためには、太一や父の人物設定、与吉じいさの人物設定、父と与吉じいさの生き方、母の人物設定などについて考える必要があります。単元の中では、「自分の作品論を書く」という目的をもたせ、各時間の課題についての自分の考えを根拠を明らかにさせて論じさせます。『中学校学習指導要領（平成二九年告示）解説　国語編』では、第一学年「読むこと」の指導事項に「(1)オ　文章を読んで理解したことに基づいて、自分の考えを確かなものにすること」とあります。人物に共感しながら自分の解釈や考えについて表現する学習は、これまでの物語の学習で経験を積んではきていますが、「海の命」では、中学校での学習につなげるために、描写などの根拠を示しながら自分の考えをはっきりと書かせるようにします。

指導計画（全11時間）

1　初読の感想を書いて、学習課題について話し合う。
(1)　初読の感想を書いて発表し、学習課題について話し合う。
○物語を読んで感じた感動や疑問を文章にまとめること。
学習課題「なぜ太一は瀬の主にもりを打たなかったのかを明らかにし、『海の命』作品論をまとめよう」
(2)　場面分けをし、音読練習をする。
○内容を理解しながら音読すること。

2　課題について話し合いながら、太一の行動・心の動きや登場人物との関係を読み、各授業のまとめとして作品論を書く。
(1)　「太一はどんな少年だったのか」について話し合い、少年時代の太一について自分の読みをまとめる。

○太一の父への思いを確認し、少年時代の太一や父の人物像について捉えること。

(2)「どうして太一は与吉じいさの弟子になったのか」について話し合い、修行時代の太一の思いについて自分の読みをまとめる。

○与吉じいさの漁の仕方について確認し、与吉じいさの人物像について捉えること。

(3)「父と与吉じいさは似た人物か」について話し合い、二人の共通した考え方や海に対する生き方の違いについて自分の読みをまとめる。

○父と与吉じいさの思想や死について比較し、父と与吉じいさの生き方を捉えること。

(4)「この物語に母は必要か」について話し合い、物語における母の役割について自分の読みをまとめる。

○母の人物像を想像し、物語における母の役割を捉えること。

(5)「太一はなぜ瀬の主にもりを打とうと思っていたのだろう」について話し合い、クライマックス前の太一の心情について自分の読みをまとめる。

○太一が、なぜ瀬の主にもりを打とうとするのかについて想像し、変容前の太一について捉えること。

(6)「太一は瀬の主にもりを打たなかったのか・打てなかったのか」について話し合い、太一の変容について自分の読みをまとめる。

○太一は瀬の主にもりを打たなかったのか・打てなかったのか、太一を止めさせたのは何かを想像し、変容後の太一について捉えること。

(7)「『海の命』とは何か」について話し合い、作品のメッセージについて自分の考えをまとめる。

○これまでの自分の読みを基にして、「海の命」の具体について捉えること。

3 「『海の命』作品論」をまとめる。

(1) 登場人物の生き方と関連させて自己の成長を見つめた作品論の最終節をまとめる。

○「海の命」の登場人物の生き方について、自分の経験や考え方に結び付けて考え、作品と自分との関わりを表現すること。

(2) 「『海の命』作品論」を交流する。

○「『海の命』作品論」を読み合い、感想を交流すること。

【参考文献】

・大槻和夫編『国語科重要用語300の基礎知識』二〇〇一年、明治図書

・田近洵一・井上尚美編『国語教育指導用語辞典』一九八四年、教育出版

・成家亘宏・成家雅史編『「海の命」の授業』二〇一四年、東洋館出版社

なぜ、太一は瀬の主にもりを
おとうと与吉じいさは似た人物か。
〈自分の考え〉

第3章

板書と思考の流れで展開がわかる実践！「海の命」の授業

これまで「教材の分析・解釈」、子どもたちに応じた「指導法の構想、単元の構想」を行ってきました。しかし、授業の「設計図」ができただけで、授業ができ上がったわけではありません。実際の授業へと具現化するためには専門的な技能が必要です。それが、**臨機応変な対応力**です。本章では、実際の子どもたちの反応に対してどのように考えて対応し、授業を展開するのかについてご紹介していきます。

授業で物語を読んで話し合う学習を行う場合、指導者が最も力を入れるべき場面は、二つだと考えます。授業の導入で子どもたちに**課題を共有させる場面**と子どもたちの発言を教師が聴いて**授業を組織していく場面**です。

課題を共有することは、子どもたちにとって一人一人が一時間の授業に「参加」する原動力となります。子どもたちの読みや考えの深まりが期待できる課題を設定し、その課題に対して、「それについては、私はこう思うんだけど、みんなは違うのかな」「えっ、考えたこともなかった」「おもしろそうだ。みんなで考えてみたい」などのような気持ちを引き出す導入の工夫をしなければなりません。

また、子どもたちの発言を聴いて集団の思考を組織していく場面では、発言の仕方や周囲の子どもたちの話の聴き方などの学習規律の指導ももちろん大切ですが、それ以上に発言する子どもの言葉を教師が聴きながら、分析し、授業を方向付けていくことが重要です。

教師は、自分が教材を徹底的に分析して得た解釈が唯一の「答え」と捉えがちです。そして、それを授業の中で子どもたちに言葉で言い当てさせようとする場面をよく見かけます。しかし、そのような授業を繰り返していると、子どもたちはだんだんと発言しなくなってきます。教師は、ほしい言葉を子どもに言わせることに躍起になるのではなく、その時点でどのように解釈しているのかを子どもたちの言葉から分析し、どこに焦点を当てて集団で考えさせればいいのかを考える必要があります。

具体的には、次のようなことです。

- **この子は何を言おうとしているのか。**
- **なぜそんな表現をするのか。読み誤りの原因は何か（表現するために選択した言葉か、着目した言葉の違いか、解釈か、基盤となる自身の知識や経験などか）。**
- **教師が解釈していることのどこに位置付くのか。その子の解釈はどこまで迫り、何が足りないのか。**
- **他の子の考えとどこが同じでどこが違うのか。他の子にいっしょに考えさせるべき点はあるか。**
- **この意見をこれからの展開にどのように生かせるか。**

これらのようなことを分析・判断しながら、教師は子どもたちの発言を聴かなければならないのです。本章では、実際に行った授業をご紹介しながら、板書や教師の発問に対する子どもたちの発言、また状況に対応する教師の思考の流れについて考えてみましょう（紙幅の関係上、子どもたちの反応や教師の指示など、細かな部分については割愛しています）。

第一次では、まず最初に全文を読み、初読の感想を書きました。初読の感想では、作品と出合ったときの子どもたちの素直な感想を書かせたいものです。しかし、感動が強すぎるとどこから何を書いていいのか分からなくなる子も少なくありません。

そこで、文学作品を読む場合、初読の感想ではいつも次のような観点を与え、感想を書かせるようにしています。

与える観点	教師のねらい
作品を読んで感じたことや考えたこと	優れた文学教材は、一読しただけでも読み手の心の中に感じたことや考えさせられたことが生まれてくる。 初読で感じたことを基に「物語を読んだときに、登場人物に感動するのはどうしてだろうか」という課題を設定することもできる。 また、初読と単元の最後の読みを比較して読みの深まりを実感させることもできる。

一番心に残った場面とその理由	子どもたちの感想の多くは、人物が変容したり物語で一番盛り上がったりする場面に集中する。そのことから「なぜ○○は……したのだろう」などの単元を通した課題の設定に生かすことができる。 また、文章を書くことが苦手な子も、一番心に残った場面を指し示すことはできる。その理由を尋ねて書かせればいいので、ほとんどの子が書きやすい観点である。
思ったこと・考えたこと	思ったことや考えたことには、子どもたちの解釈が含まれることがある。その解釈の違いや誤読を基に各時間の課題の設定（の見直し）や各時間の導入場面、または確認場面で生かすことができる。
疑問に思ったこと	疑問に思ったことには、率直な疑問が書かれ、教師は子どもたちの経験的に不足している知識なども知ることができる。各時間の読みの課題や確認すべきことの計画に生かすことができる。

自分だったら

文学を読む場合、常に自己を見つめさせながら読ませたい。「自分だったら……したのに、〇〇はなぜ……したのだろう」と考えさせることで、人物の立場になり、人物の視点で考えるきっかけにすることができる。最終的には、人物や作品の評価へとつながる観点となる。

【子どもたちが書いた初読の感想の例】

●「海の命」を読んで感じたことや考えたことは、太一はとても素直で真面目な人なんだなと思いました。心に残った場面は、「おとう、ここにおられたのですか。また会いにきますから」のところです。理由は、そこから題名の「海の命」につながっていると思ったからです。疑問に思ったことは、なぜ太一は永遠にここにいられるとそのとき思ったのかということと、なぜ巨大なクエをとらなかったのかということです。もし、自分だったら巨大なクエをとらなかったと思います。太一ほどじゃないけど少しは迷ってからその決断をすると思います。

●最初は、大きなクエをつかまえようとしていたのに、最後は笑顔をつくって見のがしたので、太一はやさしい漁師なんだなと思いました。心に残った場面は、「この魚をとらなければ一人前の漁師にはなれないのだと、太一は泣きそうになりながら思う」です。その理由は、太一は自分もおとうのように立派な漁師になりたいと思っているけど、この大魚も殺したくないと強く伝わってきたからです。疑問に思ったことは、大きなクエが太一にもりをつきさされそうになったのに、どうして逃げようとしなかったのかと、どうして与吉じいさが死んだことを書かなかったのかです。自分だったら、太一を弟子にはしません。なぜなら、太一がおとうのかたきをとりに命をかけてクエをとりに行き、死んでしまうかもしれないからです。

子どもたちの多くは、本作品を読んで「なぜ、太一は瀬の主にもりを打たなかったのか」について疑問を感じていました。この疑問を単元を通した最大の課題として位置付け、「作品論」として、毎時間自分の言葉で考えを表現させていくようにします。

第2次 課題について話し合いながら、太一の行動・心の動きや登場人物との関係を読み、各授業のまとめとして作品論を書く。

第1時 「太一はどんな少年だったのか」について話し合い、少年時代の太一について自分の読みをまとめる。

指導目標
○太一の父への思いを確認し、少年時代の太一や父の人物像について捉えること。

海の命　立松和平

太一はどんな少年だったのだろう。

絵本の表紙を掲示

〈自分の考え〉

課題の共有

「太一はどんな少年だったのか」の課題について、自分の考えを表現する。

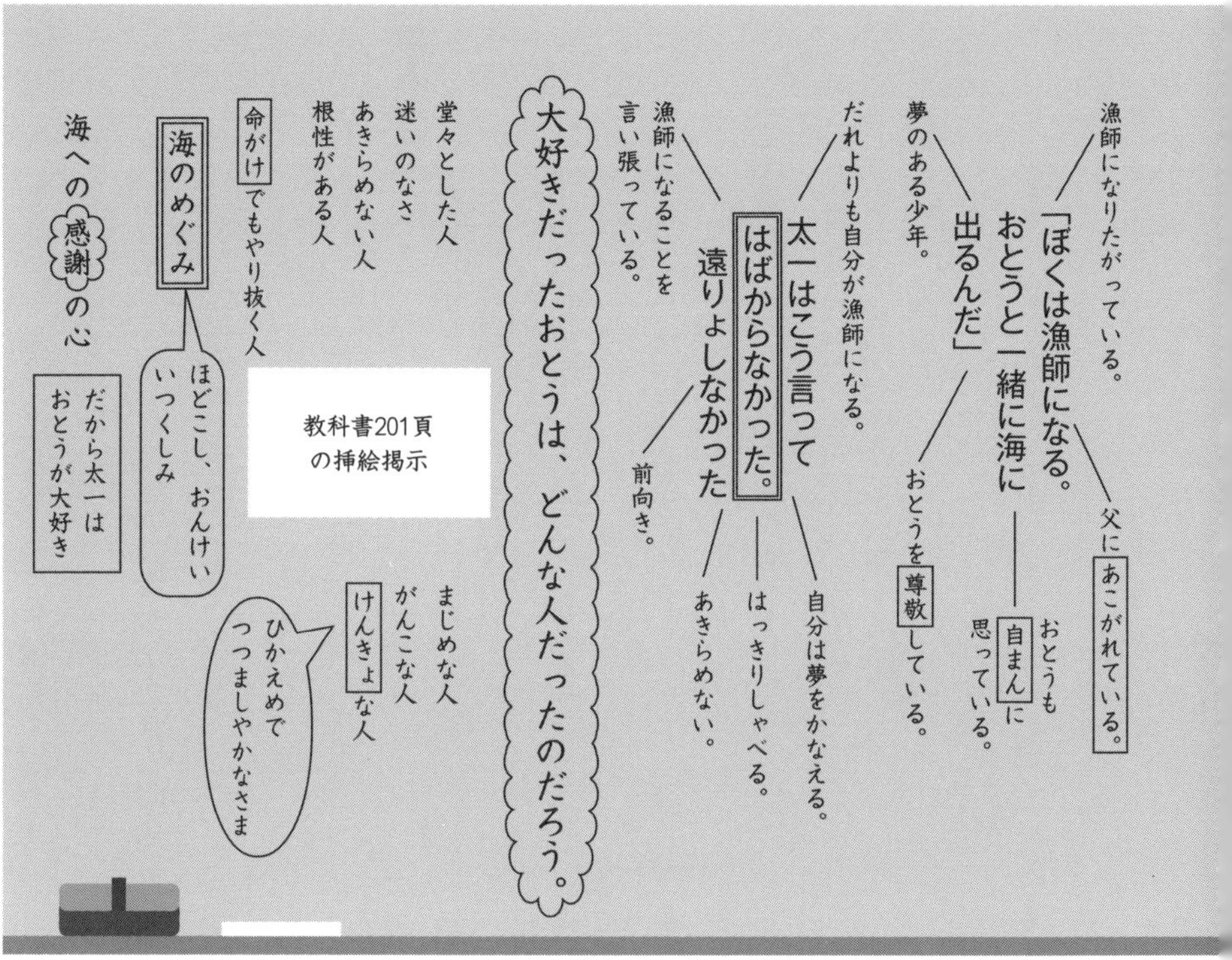

考えの発表

自分の考えの根拠になった本文の言葉とその理由について発表し合う。

深める問い

「おとうはどんな人だったのか」を問いかけ、太一の父への思いについて確認する。

考えのまとめ

話し合ったことを基に、再び課題についての自分の考えを表現する。

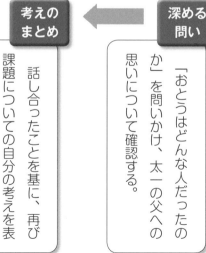

物語教材で授業を行う際に、まず理解させなければならないのは、物語の舞台や中心人物の設定です。人物の変容を理解するには、最初にどんな人物であったのかを理解しておく必要がありますし、物語の舞台が大きく関係している場合もあります。

「海の命」では、太一の成長に沿って物語が進みます。太一の変容を読むためにも、少年時代の様子を捉えることが大切です。クライマックスへとつながる父への強い思いを読ませます。

【導入場面】

授業の実際の様子	教師の思考の流れ
T　これまで、物語を学習する際に、まず何を考えてきましたか。 C　物語の設定や人物の設定です。	➡これまでの学習を想起させて、物語の読み方を確認しよう。
T　よく覚えていたね。例えば、『カレーライス』で「ぼくは悪くない」という言葉がありました。そこから考えられる「ひろし」はどんな人だったかな。 C　自分の言うことは正しいと思っている人。 C　怒りを感じている人。	➡しっかりと身に付いてきたな。既習の教材を基にして、全体で具体的に考えさせよう。
T　そうだったね。…さんが、「この『海の命』は、太一の成長が描かれている」と書いていました。鋭いで	➡一人の子どもの初読の感想を示して、全体の課題につ

すね。では、そもそも太一はどんな少年だったのかな。
（間を開ける。多くの子どもがつぶやく。）

T よし、…さんが言う、これから太一の成長を考えていく上で、まずは太一の設定を考えてみましょう。
（「太一はどんな少年だったのだろう」と板書する。）

なげよう。

ポイント
↓間を空けることで、子どもたちがつぶやき出した。話し合おうとする雰囲気になってきたな。

これまでの学習の積み上げとして、物語を読む際にまず物語の設定や中心人物の設定について考えることを指導してきました。「海の命」でもこれまでの学習を想起させ、子どもの初読の感想の一部を紹介することで、太一の人物設定について考える課題へとつなげるようにしました。

【展開場面】

授業の実際の様子	教師の思考の流れ
T 太一はどんな少年だとわかりますか。 C 太一は漁師になりたがっていると思う。証拠は、「ぼくは漁師になる」とあるから。 C 付け足します。一人前の漁師になりたいと思っている。父にあこがれて一人前になりたかったのだと思う。	↓全体で人物像を明らかにするために、根拠を挙げさせながら、多くの子どもに発言させよう。 ↓太一の会話文に着目しているな。 ↓「あこがれ」という自分なりの表現が出てきたな。後で、おとうについて考えさせる場面で触れよう。

T　一人前になりたいと書いてますか。
C　最後の場面で書いてある。だけど、いつからなりたいと思っているかは書いてない。
C　…さんが言いたかったのは、「おとうといっしょに海に出るんだ」とあるから、一緒に海に出るには一人前でないと出られないと言いたかったと思う。
T　この時点で分かることは、太一が漁師になりたいと思っているということだね。…さんが、「父にあこがれて」って言っていたけど、太一はおとうのことをどのように思っているの。
C　太一はおとうのことを自慢に思っていると思う。「だれにももぐれない瀬に、たった一人でもぐっては」とあるから、尊敬していると思う。
C　自慢はしないけど、心の中で感心していると思う。
C　七行目に「二メートルもある大物」とあるから、太一はおとうのことをすごいと思っていると思う。
T　なるほど。太一はおとうのことを尊敬しているんだね。そんな太一の強い思いを示す言葉があるんだけど、気づいたかな。
C　「はばからなかった」
T　そう、よく気づいたね。どんな意味かな。

➡クライマックスの「本当の一人前」と混同しているのかな。確認しよう。

➡この子は、クライマックスの「一人前」とは区別ができているようだ。

ポイント

➡太一の漁師への思いを確認して、さっきの「あこがれ」という表現から、太一のおとうに対する見方について問いかけよう。

➡おとうに関する叙述を基に、太一の視点から考えているな。

➡この子も「尊敬」の意味で言っているんだな。

➡この子も「すごい」という言葉でまとめている。

➡太一の強い心情が表されている叙述に目を向けさせよう。

➡言葉には気づけているようだ。辞書で意味を確認させよう。

〈調べた後〉

C「はばかる」が「遠慮する」だから、「遠慮しない」です。

T　その通り。そこから、太一がどんな少年だったかということが分かりますか。

C　漁師になると言い張っていた。

C　誰よりも自分が漁師になると思っていると思う。

C　自分は夢を叶えるという強い思いをもっている。

C　前向きで、あきらめない人。

T　子どもの頃の太一の人物像についてたくさんの考えが出てきたね。では、そんな太一が尊敬しあこがれ、大好きだったおとうってどんな人だったんだろう。

C　おとうは堂々とした人だと思う。「不漁の日が十日間続いても、父は少しも変わらなかった」とあるので、「迷いのなさ」を感じる。

C　あきらめない、根性のある人。「だれにももぐれない瀬に、たった一人でもぐっては、岩かげにひそむクエをついてきた」ところから弱音をはかないで最後までやり通す気持ちが感じられるから。

C　真面目な人。「父は少しも変わらなかった」というところから真面目じゃないとできないと思う。

ポイント

➡言葉の意味が確認できたところで、もう一度少年時代の太一の人物像に戻して考えさせよう。

➡人物像が具体的になってきたぞ。

➡ここで、太一に強い思いをもたせるおとうの人物像について考えさせよう。

➡叙述からおとうの人物像について、自分なりの表現でまとめているな。

➡おとうがしている漁の難しさを意識している意見だ。

➡説明が足りていない。この子が表現する「真面目」とはどのような意味だろう。

C　おとうは太一と同じで頑固だったと思う。僕が大物をとったら自慢すると思うのにしなかったから。
C　頑固ではなくて謙虚だと思う。
T　「頑固」と「謙虚」の意味を調べ出した人がいるね。すばらしい。…さん、二つの言葉の意味は何ですか。
C　頑固が「他人の意見を聞こうとせず、かたくなに自分の考えや態度などを守ること（さま）」で、謙虚が「控えめでつつましやかなさま」です。
T　どっちなんだろうね。
C　謙虚。だって、「海のめぐみ」って言っている。
T　他の叙述とつなげて人物像を考えられてすごいなあ。「めぐみ」ってどういう意味？
C　「ほどこし、恩恵、慈しみ」です。
T　海から施しや恩恵や慈しみをいただいている。ここから感じられるのは海へのどんな心かな。
C　感謝の心。
T　なるほど。おとうは海に感謝する謙虚な人だったのかもしれないね。他にありますか。
C　おとうは、命がけでもやり抜き通す人だと思う。
C　命がけ？
C　仕事でやっているから命を失うかもしれない。選ん

➡この子は「頑固」を違う意味で理解しているのかな。

➡よし、語彙を身に付けさせるチャンスだ。調べている子を評価して、「頑固」と「謙虚」の意味を全体で確認して、おとうに合う熟語の表現を考えさせよう。

➡他の叙述とつなげておとうの人物像を考えている。全体の前で評価して、「めぐみ」の意味を確認させよう。

➡おとうの海に対する考え方に迫らせよう。

➡危険な漁の方法について意識している意見だな。

だ道だから分かっていると思う。クエをとったけど、たまたま重すぎて息が続かなくて死んだんだと思う。

T　たくさん出ましたね。今、おとうの人物像の中で、…さんがおとうの死について話したけど、太一は、「おとうの死」についてどう思ったんだろう。本文には書いていないよね。

C　「後を継ぎたい」と思っている。

C　おとうは村一番の漁師だったから、後を継いで村一番になりたいと思った。

C　漁師をやっていれば、こういう危険がまとわりついていることを改めて感じたと思う。

C　…さんに付け足しで、太一のところに「前向き」ってありますよね。太一はおとうが死んでも前向きで、死を覚悟してまでも漁師になろうとしていて、おとうの経験を生かしていい漁師になりたい思ったと思う。

C　太一は、そのクエをおれがとってやると思ったと思う。お父さんに感心して尊敬していたので、お父さんを打ち破ったクエに仕返しをしたくなったと思う。

T　その考えはこれから重要になってくるかもしれないね。たくさん考えが出されたのでびっくりしました。

　では、「太一はどのような少年だったのか」につい

ポイント

⬇おとうの死についての意見が出た。ここで、おとうの死に対する太一の心情について想像させよう。

⬇かたき討ちのような感情ではないのか。

⬇物語全体から、おとうの死を受け止めている太一の心情を想像しているのだろうか。

⬇この子は、最後の場面を意識して、太一が「死を覚悟」して「いい漁師」になろうとしていると表現しているのだろう。

⬇この子は、「仕返し」という表現で、太一が瀬の主を追い求めるようになった理由を考えているな。

て、今日の話し合いを基にしてまとめましょう。

本時は、「太一はどんな少年だったのか」を中心課題として話し合い、「少年時代の太一の人物像→太一に影響を与えた父の人物像→大好きだった父の死を太一がどのように感じたのか」の流れで話し合いました。物語の後半にも関わる部分になることから、ここでは自由に考えを出させるようにしました。

本時の最後には、その時間の「作品論」を書かせました。書き出しを「この問題について私はこう考える」と指定します。自分の考えを論理的に書かせるために、必ず根拠を叙述から引用して書かせるようにします。書かせた「作品論」については、内容面だけではなく論理的な書き方ができているいくつかを毎回コピーをして掲示し、表現語彙を参考にさせるようにします。

【子どもたちが書いた本時の作品論の例】

●この問題について私はこう考える。太一は、あきらめないがんこな少年だと思う。「ぼくは漁師になる。おとうといっしょに海に出るんだ」とはばからないで言ったので、そう感じた。そしてお父さんを尊敬していたと思う。「おとうといっしょに海に出るんだ」と書いてあるので、あこがれていて大好きなのだと思ったからである。

●この問題について私はこう考える。「海のめぐみだからなあ」のところから、おとうは海に感謝をしているのだと思った。理由は、「めぐみ」とは、ほどこし・なさけという意味で、おとうは海からのほどこしを受けて心から感謝をしているのだと思ったからである。その姿を見て育った太一も、海に感謝しているのだろう。

●この問題について私はこう考える。太一は前向きで夢をもっている。理由は、父が海でなくなったのに、夢を追い続けているからだ。自分なら悲しみとこわさで、海にも行けないだろう。だから、太一は前向きだ。そして、「ぼくは漁師になる」というところで、夢をもっているんだなと感じた。自分は太一みたいに前向きでいることができない。だから、太一はすごい。

第2時 「どうして太一は与吉じいさの弟子になったのか」について話し合い、修行時代の太一の思いについて自分の読みをまとめる。

指導目標

○与吉じいさの漁の仕方について確認し、与吉じいさの人物像について捉えること。

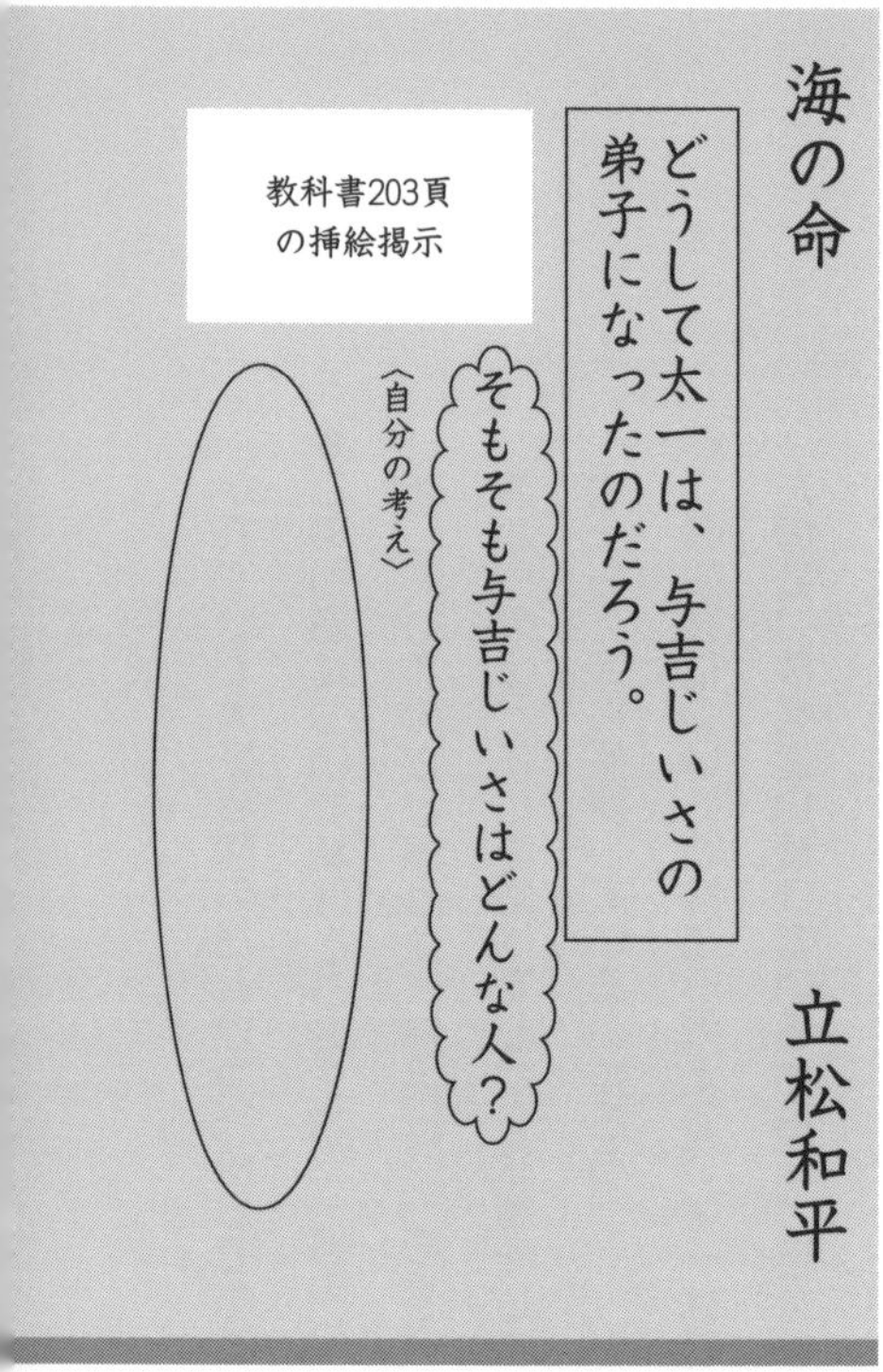
海の命
立松和平
どうして太一は、与吉じいさの弟子になったのだろう。
教科書203頁の挿絵掲示
そもそも与吉じいさはどんな人?
〈自分の考え〉

課題の共有

「どうして太一は与吉じいさの弟子になったのか」の課題について、自分の考えを表現する。

魚のことをよく考えている
やさしい人。
つりが好きな人。

「わしも年じゃ。
ずいぶん魚をとってきたが、—— 一本づり漁師。
もう魚を海に自然に
遊ばせてやりたくなっとる。」—— お年より。

長年漁をしてきたベテラン

魚への気もちが強い。

「漁の場面」—— 父の瀬に毎日行っている。

漁の仕方に迷いがない

きびしい

「太一は、なかなかつり糸を
にぎらせてもらえなかった。」

やさしい

基そを大切にする人。

魚を大切にする人。

「千びきに一ぴきでいいんだ。」

よくばりではない人。

海に感謝している。

海を大切にする人。

だから、与吉じいさの弟子になった。

考えの発表

自分の考えの根拠になった本文の言葉とその理由について発表し合う。

深める問い

「千びきに一ぴきでいいんだ」とはどういうことなのか問いかけ、与吉じいさの考えについて話し合う。

考えのまとめ

話し合ったことを基に、再び課題についての自分の考えを表現する。

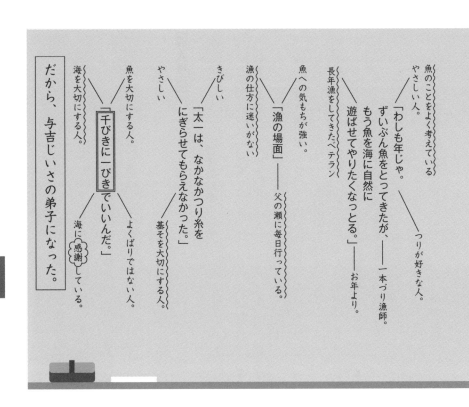

本時では、太一に大きな影響を与える人物である与吉じいさの人物像を中心に話し合います。

導入場面では、前時に書いた「作品論」の中から考えの深まりが見られた文章を紹介し、前時の内容を確認するとともに、話し合いに臨む気持ちを喚起しました。

本時の学習課題は、初発の感想に書かれた疑問の中から、与吉じいさに触れた内容を紹介し、全体の課題へとつなげました。

【導入場面】

授業の実際の様子	教師の思考の流れ
T　この前の「太一はどんな少年だったか」について書いた作品論を何人かに紹介してもらいましょう。	➡前時の学習で考えの深まりが見られる作品論を紹介させよう。
C　「この問題について私はこう考える。最初、太一は海が大好きな少年だと思っていたけれど、みんなの意見を聞いて、太一は子どもの頃から漁師になることを夢見ていた少年だと分かった。お父さんは命がけでもやり通す人だということも意見を聞いて分かった。」	➡全員、集中して聞けているな。
C　「この問題について私はこう考える。太一はお父さんにあこがれて漁師になりたいと思っていた。そして、太一のお父さんは堂々としていて根性がある人だと思った。そのお父さんが亡くなったとき、太一はお父さ	

んよりもすごい漁師になろうと思っただろう。亡くなったときは少しは悲しかったかもしれないけど、漁師にはそういう危険がつきものだと分かっていたから、もっとすごい漁師になろうと思ったのではないか。」

T　二人とも話し合いを通して太一の人物像や太一のあこがれていたおとうの人物像までまとめられていますね。太一はおとうの死に何を感じたんだろうね。

太一は、おとうが亡くなった後に与吉じいさに弟子入りをします。最初の感想の中で、…さんが「なぜ、太一は与吉じいさに弟子にしてくれるようたのんだのか」という疑問を書いていました。今日は、そこを考えていきましょう。（「どうして太一は、与吉じいさの弟子になったのだろう。」と板書する。）

ポイント

➡紹介させた内容を考えの一例として捉えるよう、おとうの死を太一がどう思ったのかについては、投げかける形で終わらせよう。

➡前回と同じように、一人の子どもの初読の感想を示して、全体の課題につなげよう。

展開場面では、「どうして太一は与吉じいさの弟子になったのか」について直接的に考えるのではなく、まず与吉じいさの人物像について考えていきます。そうすることで、与吉じいさと太一の父との共通点が意識されやすくなります。

【展開場面】

授業の実際の様子

T　他の誰でもない、与吉じいさだから、太一は弟子になろうとしたんですよね。この課題を解決するために、まずは与吉じいさの人物像について考えてみよう。
　証拠となるところに線を引いて自分の考えを表しましょう。（活動終了後）では、発表しましょう。

C　「もう魚を海に自然に遊ばせてやりたくなっとる」から、与吉じいさは魚をとるのが面倒くさいと思っている。わけは魚を一生懸命とろうとしていないから。

C　「面倒くさい」は違うと思う。同じところで、与吉じいさは魚の気持ちを考えられる優しい人だと思う。

C　私も、魚のことをよく考えている優しい人だと思う。

C　もっと前の説明のところから、一本づりの漁師だということが分かる。

T　なるほど。書いてあるそのままの情報も人物を知るには大切な情報ですね。おとうと同じ漁師だったね。

C　違う。おとうはもぐり漁師です。

C　お年寄りの漁師というところから、長年漁をしてきた人だと分かる。

教師の思考の流れ

➡与吉じいさがどんな人物なのかを集中して考えているな。

➡おもしろい発想だけれども、他の叙述とのつながりが意識されていないようだ。「魚を一生懸命とらない」という考えはつながっていきそうだ。

➡この子のように、現段階では「優しさ」だけで捉えて表現する子どもも少なくないだろう。

➡「魚の気持ち」と「魚のこと」を考えるの意味の違いがあるな。

ポイント
➡漁の方法についての意見が出てきた。おとうの漁との違いを意識させよう。

➡おとうと与吉じいさの年齢の違いを意識した発言だ。

C　漁の仕方の場面から、おとうに似ていて魚への気持ちが強い人だと思う。
T　そう感じた理由は。
C　漁の仕方に迷いがないから。魚をとる気持ちが強い。
T　おとうと比べて考えているね。
C　おとうと同じで父の瀬に毎日行っている。
C　付け足します。同じ父の瀬だけれど、おとうは瀬の中で、与吉じいさは瀬の上です。
T　二人は、同じ場所で違う漁をしてたんだね。
C　「太一は、なかなかつり糸をにぎらせてもらえなかった」から、厳しい人だと思います。
（子どもたちが「厳しいかなあ。」とつぶやく。）
C　「厳しい」ようでいて「優しい」のかもしれない。
T　優しいなら、なぜ太一に厳しい感じで教えるの？
C　やっぱり、太一にしっかり漁のことを分からせてから、つりをさせようと思ったのかもしれない。
C　うん。立派な漁師にしようとしたから、なかなかつり糸をにぎらせなかったと思います。まず、つり針から魚を外すところから。基礎を大切にする人。
T　太一のことを思って、厳しくしているんだね。

➡「おとうに似た魚への気持ち」とはどのような意味だろう。
➡魚をとろうとする気持ちの強さのことか。比較して考えられている点を認めよう。
➡漁場に着目した意見だ。
➡共通した場所で、異なる漁法を行っていることが意識されているな。
➡与吉じいさの太一への思いに迫らせるチャンスだ。
➡与吉じいさの行動の裏に太一に対する思いがあることが考えられているな。

C　「千びきに一ぴきでいいんだ」の与吉じいさの言葉から、「欲張りじゃない人」だと思う。
C　同じところから「魚を大切にしている」と思う。
T　この部分は、手を挙げた人が多いね。ところで、「千びきに一ぴきでいいんだ」とはどういう意味なの。
C　たくさんとらないということ。
C　決まった数だけをとること。
C　少しだけいただいて魚を守ること。
T　なるほど。そこからどんな人物像が見えてくるかな。
C　千びきに一ぴきしかとらないのだから、海を大切にする人。
C　同じです。（多くの子どもが反応する。）
T　「魚」ではないんだ。
C　「魚」だけではなく、「海」全体を思っている。海に感謝している。
C　毎日魚をとらせてくれる「海」に感謝している。
C　おとうに似てる。おとうも「海」に感謝していた。
T　どこからそう思ったの。
C　「海のめぐみだからなあ」のところです。
T　なるほど。おとうも与吉じいさも漁の形は違うけれど、海に感謝しながら漁師をしていたんだね。与吉じ

ポイント
➡「千びきに一ぴき」に着目した発言だ。言葉の意味について考えさせよう。

➡数だけでなく、多くをとらない意図について考えられている意見だ。この叙述からも人物像を考えさせよう。

➡「魚」から「海」へと考える方向が変化してきたな。

➡前時のおとうの人物像に共通する「感謝」を意識した意見が出てきた。

➡次時に向けておとうとつなげておこう。

➡太一の弟子入りの理由について考えを出し合うところまで進めることができなかった。話し合った与吉じいさ

いさは、みんなが発表したような人物だったからこそ、太一は弟子入りを決意したのかもしれないね。では、今日の課題についての作品論を書きましょう。

の人物像から考えられるように促しておこう。

本時は、中心課題「どうして太一は与吉じいさの弟子になったのか」を考えるために、対人物である与吉じいさの人物像について話し合いました。人物像について考えていくには、人物の状況や言動を根拠に、そこから見えるその人物の見方や考え方を考えさせるようにします。

【子どもたちが書いた本時の作品論の例】

●この問題について私はこう考える。与吉じいさは、「もう魚を海に自然に遊ばせてやりたくなっとる」のところで、魚の気持ちを考えるやさしい人だと感じた。また、よくばりではないとも感じた。その理由は、毎日タイを二十ぴきとると道具を片づけたからである。太一は、与吉じいさの優しさやよくばりではないところを分かっていたから弟子になったのではないだろうか。

●この問題について私はこう考える。与吉じいさは、父の瀬に毎日一本づりに行っている漁師だ。そして、なかなかつり糸をにぎらせてくれないきびしいけど思いやりのある人だ。海に感謝をしており、海を大切にしているやさしい人でもある。太一は、父のような与吉じいさだから弟子入りをしたのである。

第3時

「父と与吉じいさは似た人物か」について話し合い、二人の共通した考え方や海に対する生き方の違いについて自分の読みをまとめる。

指導目標

○父と与吉じいさの思想や死について比較し、父と与吉じいさの生き方を捉えること。

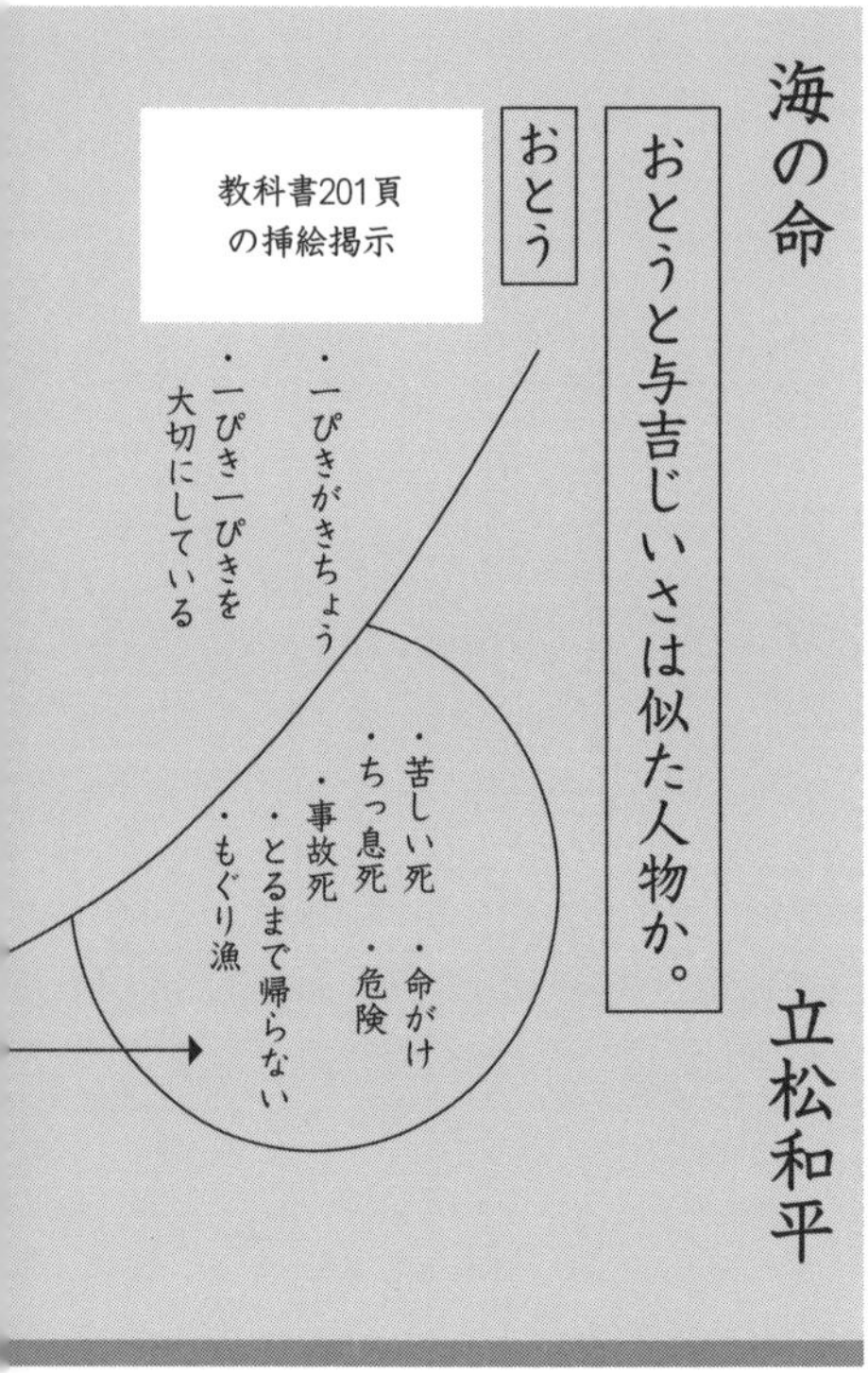

課題の共有

「おとうと与吉じいさは似た人物か」の課題について、自分の考えを表現する。

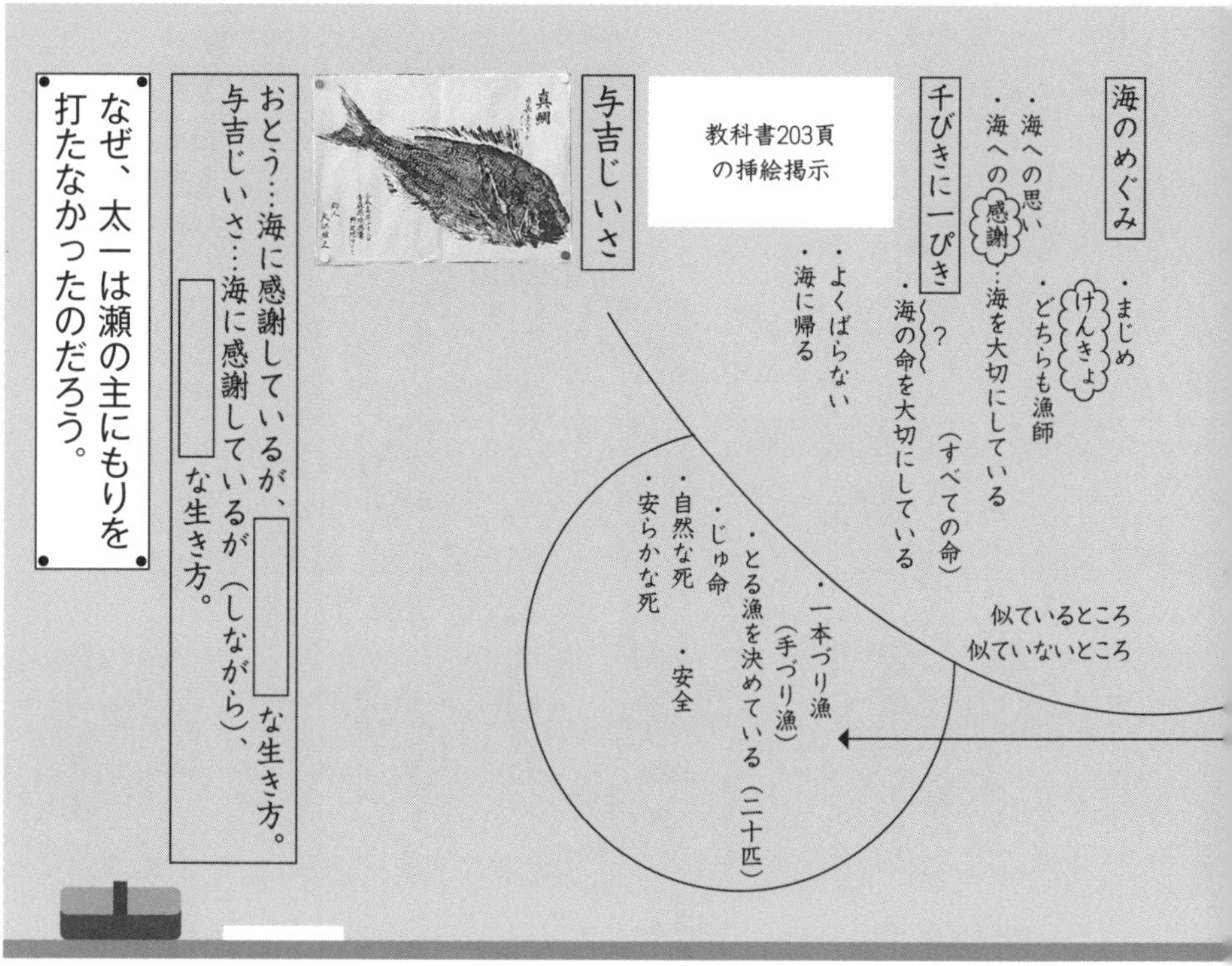

考えの発表

自分の考えの根拠になった本文の言葉とその理由について発表し合う。

深める問い

「おとうと与吉じいさの違うところはどこか」を問いかけ、二人を比較し、その生き方の違いについての理解を深める。

考えのまとめ

話し合ったことを基に、再び課題についての自分の考えを表現する。

本時では、前時の作品論から「おとうと与吉じいさは似ている」と考えている意見を基に、「本当に似ているのだろうか」とゆさぶり、二人の比較へと目を向けさせます。

【導入場面】

授業の実際の様子	教師の思考の流れ
T　この前の「どうして太一は与吉じいさの弟子になったのか」について書いた作品論から紹介してもらいます。	⬇最初は、前時の想起と意欲の高まりをねらって作品論を紹介させよう。聞いている子どもたちも参考になるだろう。
C「この問題について私はこう考える。太一の父は、体にロープを巻いたまま水中でこときれていた。ロープのもう一方の先には光る緑色の目をしたクエがいたという文から、そのクエにかたき討ちをしようとしたのではないか。そのために、プロの与吉じいさに弟子入りをしたと思う。」	⬇やはり「かたき討ち」という言葉が出てきたな。他の子どもたちも思っているはずだ。
T「かたき討ち」という言葉が出てきたね。	
C「この問題について私はこう考える。私は与吉じいさと太一のおとうが似ているから、与吉じいさの弟子になったと予想した。おとうはもちろん海のめぐみを大切にし、与吉じいさも海のめぐみを大切にしている	⬇よし、与吉じいさとおとうが似ているという意見だ。出ない場合は、教師側から指名するつもりだったが、ここから学習課題につなげよう。

授業の実際の様子	教師の思考の流れ
ところが似ていると思う。太一も、海のめぐみを大切にしている人と、夢をかなえたいのだと感じた。だから、太一は与吉じいさの弟子になったと思う。」	
T　今、…さんは、与吉じいさとおとうが似ていると言っていたけど、みんなもそう思いますか。	➡全体に問いかけよう。
C　似てる。（多くの子どもがつぶやく。） T　似ていると思う人。（ほとんどの子どもが挙手する。）	➡反応している。挙手をさせて全体の考えを確認しよう。
T　本当にそうなのかな。（間）今日は、おとうと与吉じいさが似ているのかについて考えてみましょう。 （「おとうと与吉じいさは似た人物か」と板書する。）	ポイント ➡ゆさぶりをかけて課題にしよう。

多くの子どもが「与吉じいさとおとうは似た人物である」と考えているので、挙手をさせてみんなの考えとして確認したところで、教師から「本当にそうなのか」とゆさぶり、課題を共有させるようにします。

【展開場面】

授業の実際の様子	教師の思考の流れ
T　二人は似ていると言っていたけど、どんなところが似ているのですか。	➡まずは、おとうと与吉じいさが似ている点から出させよう。

C　与吉じいさは「千びきに一ぴき」と言っていて、与吉じいさも海に感謝しているので、二人は似ていると思う。

C　おとうの「海のめぐみ」と与吉じいさの海への思いが似ていると思う。

T　なるほど、海に対する考えや思いが似ていると思ったんだね。他にはないかな。

C　どちらも漁師。

C　与吉じいさもおとうも同じ海で漁をしている。

C　多分だけど、どちらも真面目だと思う。

T　何で真面目だと思ったんですか。

C　おとうはどんな大物をしとめても自慢しなかったから、漁に対して真剣なんだと思う。与吉じいさもしっかり決まった数だけの魚をとっていたから。

C　どちらも「謙虚」だと思う。与吉じいさは「タイを二十匹とると、もう道具を片づけた」とあって、おとうも「二メートルもある大物をしとめても、自慢しなかった」とあるので、どちらも欲張らないし謙虚だと思う。

T　「謙虚」ってどんな意味でしたか。

C　「威張らないで控えめで慎ましいこと」。

➡（子どもの様子を見て）みんなが納得しているようだ。

➡こちらもみんなが納得する様子が見られる。みんな、おとうと与吉じいさの海に対する感謝の部分については気づいているようだ。

➡設定についての共通点だな。

➡これは独自の解釈が入っている。少し説明させよう。

➡物事に対する真剣さや決めたことをやり続けることを「真面目」と表現しているのか。

➡根拠を挙げて「謙虚」という言葉を使えるようになってきたな。語彙が身に付いている。

➡「謙虚」の意味をもう一度確認しておこう。

T　何に対して「謙虚」なの。

（子どもたちが、「海」、「魚」などとつぶやく。）

C　おとうと与吉じいさの「海のめぐみ」「千びきに一ぴき」という言葉から、二人は海に対して謙虚で、大切にしていると思う。

C　…さんに付け足しで、「海の命」を大切にしていると思う。

T　『海の命』を大切にする」って、どういうこと。

C　海の中にいる全ての命を大切にすること。

C　海にいる一匹一匹を大切にして、海を大切にしていること。

C　与吉じいさは「千びきに一ぴき」で一匹でも貴重だと言っていて、おとうは、その一匹一匹が「海のめぐみ」だと言っているのだと思います。

C　ああ。（納得の声。）

T　何が「ああ」なの。

C　…さんの意見を聞いて、海の命は魚の命でもあると思った。

T　なるほど、みんなが言っている二人の似ているところが見えてきたね。では、違うところはないのかな。

C　漁の仕方が違う。

➡現時点で子どもたちはどのように考えているのだろう。

➡海に対して謙虚であるという意味を理解してきているようだ。

➡みんなが納得している様子だ。「海の命」にも触れるようになってきたな。

➡深入りしないで簡単に触れてみよう。

➡現時点で、多くの子どもたちが「海の命」に対する考えをもてているようだ。

ポイント

➡おとうと与吉じいさの考えをつなげる意見だ。他の子どもに言い換えをさせて考えさせよう。

➡二人の思想的に似ている点については確認できたな。ここから違う点について考えさせよう。

➡漁の違いが出てきた。後から扱おう。

C　死に方が違う。
T　「死に方が違う」って、どういうこと。
C　おとうは、たぶん事故で死んで、与吉じいさは寿命だと思う。
C　おとうはロープにからまって窒息して死んだけど、与吉じいさは自然に安らかに幸せに死んだと思う。
C　与吉じいさは安らかに死んだとはまだ分からない。
C　何でですか?
C　おとうは厳しい漁をしていたけど、与吉じいさだって太一にいっぱい教えないといけないし、心配な気持ちがあったかもしれない。
C　与吉じいさは太一に「村一番の漁師だ」と言ってるから、与吉じいさは安心して安らかに死んだと思う。
T　確かに死に方は対照的だね。さっき、…さんが、「漁の仕方が違う」って言っていたけど、どう違うの。
C　一本づり漁ともぐり漁で違う。
C　与吉じいさはとる数を決めているけど、おとうは決めていない。
C　与吉じいさと違って、おとうはとるまで帰らないというかあきらめない気持ちをもっている。ロープにからまって死んでしまったことから分かる。

➡死に方の違いが出てきた。ここから考えさせていこう。

➡二人の死を比較して見ることができている。

➡より具体的に説明しているな。

➡どういうことだろう。聞いてみよう。

➡太一に対する心残りがあったということか。

➡根拠を挙げて反論しているな。

➡漁の仕方の違いについての話題に移そう。

➡漁法が違うということは理解できているな。

➡二人の漁に対する考え方についての意見だな。

➡からまって死んだと考えているな。「とるまで帰らない」と読んだのは、危険な漁に挑むおとうの姿勢から感じているようだ。

C　挿絵の下にとったクエが描いてある。おとうの船は大きいクエ一匹しか乗らなくて、死んでいた場面で空っぽの船とあったから、このままでは帰れなかったのかも。

T　漁の仕方についてみんな知らないと思うので、少し説明を加えますね。おとうのもぐり漁は、普通は一人で行わないそうです。どうしてか分かるかな。

C　もしも何かがあったときに助けられないから。

T　そうだね。そして、多くは穏やかな海で行うそうです。おとうの漁がどんな漁なのかが見えてこないかな。

C　誰ももぐれない潮の流れの速い瀬に一人でもぐっているから危険！

C　おとうは死を覚悟していたのかな。

C　おとうは、命をかけて危険な場所で危険な漁をしていたけど、与吉じいさはおとうに比べたら安全な漁をしていた。

T　与吉じいさの漁の仕方についてだけど、一本づりには、機械で巻き取る方法と、竿でつる方法と、手でつる方法があるそうです。与吉じいさは、どの方法か分かりますか。

C　（挿絵を見て）手でつっている！

➡挿絵と叙述を関係付けて考えたのか。

➡ここで一般的な漁法について補足説明をして、二人の漁の特殊性ついて考えさせよう。まずはおとうのもぐり漁についてから説明しよう。

➡おとうの漁の危険性を感じ取ったようだ。

➡漁に臨むおとうの思いを考えている。

➡二人の漁の性質を比べて違いを考えているな。

➡次は、与吉じいさの一本づりについて補足説明をしよう。

T　与吉じいさの漁の特徴が見えてきたかな。もう少し説明を加えると、与吉じいさがつっていた鯛というのが……。（実物大の魚拓を提示する。）
C　大きい！
T　この大きさが五十六センチメートルです。
C　与吉じいさはこれを毎日二十匹つってるんだ！
T　鯛は、つるときにガツンガツンととっても強い引きがくるのが特徴です。鯛の「三段引き」といいます。
C　手でつるのは痛そう。
T　うん、与吉じいさはこのぐらいの鯛を毎日二十匹、手づりしていたんだね。きっととても厚い手の平だったんだろうね。
　まとめを書きます。二人が似ているところは「海に感謝している」ということだったね。「海に感謝しているが、～な生き方」の～に入る言葉で二人の違いを表して、今日の作品論を書きましょう。


➡与吉じいさの漁についてイメージをもたせるために、このタイミングで実物大の鯛の魚拓を見せよう。

➡やはり魚の大きさに驚いているな。

➡手づり漁の繊細さや難しさをイメージさせたい。

➡二人の似ているところと異なっているところを端的に一文で表現させよう。読みの傾向も把握することができるだろう。


　本時では、一般的な漁の方法について教師側から説明を補足しました。一般的な方法を知ることで、おとうと与吉じいさのそれぞれの漁の特殊性とともに、二人の人物像の違いも見えてきます。

また、与吉じいさの一本づり漁について、おとうの「命がけ」のもぐり漁に比べると、楽で簡単な漁だと捉えてしまう読者も少なくありません。そこで、今回は実際の大きさが分かるように、魚拓を提示しました。そうすることで、つり上げる魚の大きさや力強さが子どもたちに具体的にイメージされ、与吉じいさの技術の高さが感じられるようになります。

【子どもたちが書いた本時の作品論の例】

●この問題について私はこう考える。おとうと与吉じいさは、海に感謝をしているが、おとうは魚をとるまで帰らず、与吉じいさはとる数を決めているのではないか。また、おとうは命がけで魚をとっているが、与吉じいさは安全に魚をとっている。二人は似ているところもあるが、こんなにも考えが違うので似ていないと考えた。

●この問題について私はこう考える。おとうと与吉じいさは海や魚に感謝し、漁を行っていたことは似ている。でも、漁の内容や亡くなり方はまったく違う。おとうは海に感謝しているが、命がけで危険なもぐり漁をしていて漁の最中に亡くなった。与吉じいさは海に感謝しているが、おとうより安全な一本づり漁で太一を村一番の漁師に育てて安らかに亡くなった。授業を受けて、似ているところもあれば似ていないところもあることが分かったので、どちらとも言えない。

第4時

「この物語に母は必要か」について話し合い、物語における母の役割について自分の読みをまとめる。

指導目標

○母の人物像を想像し、物語における母の役割を捉えること。

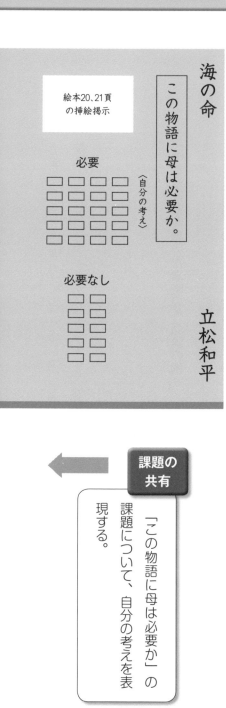

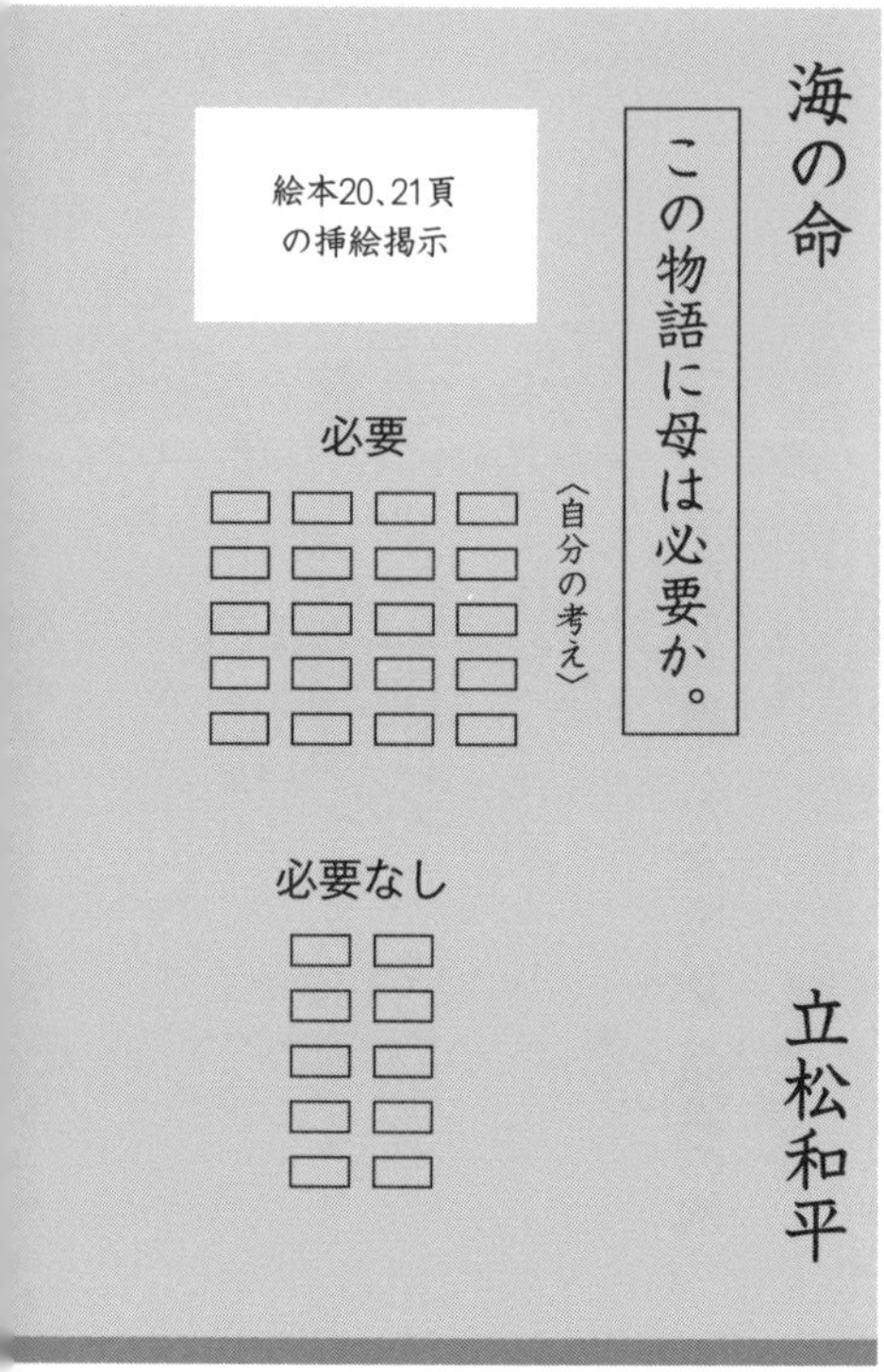

課題の共有

「この物語に母は必要か」の課題について、自分の考えを表現する。

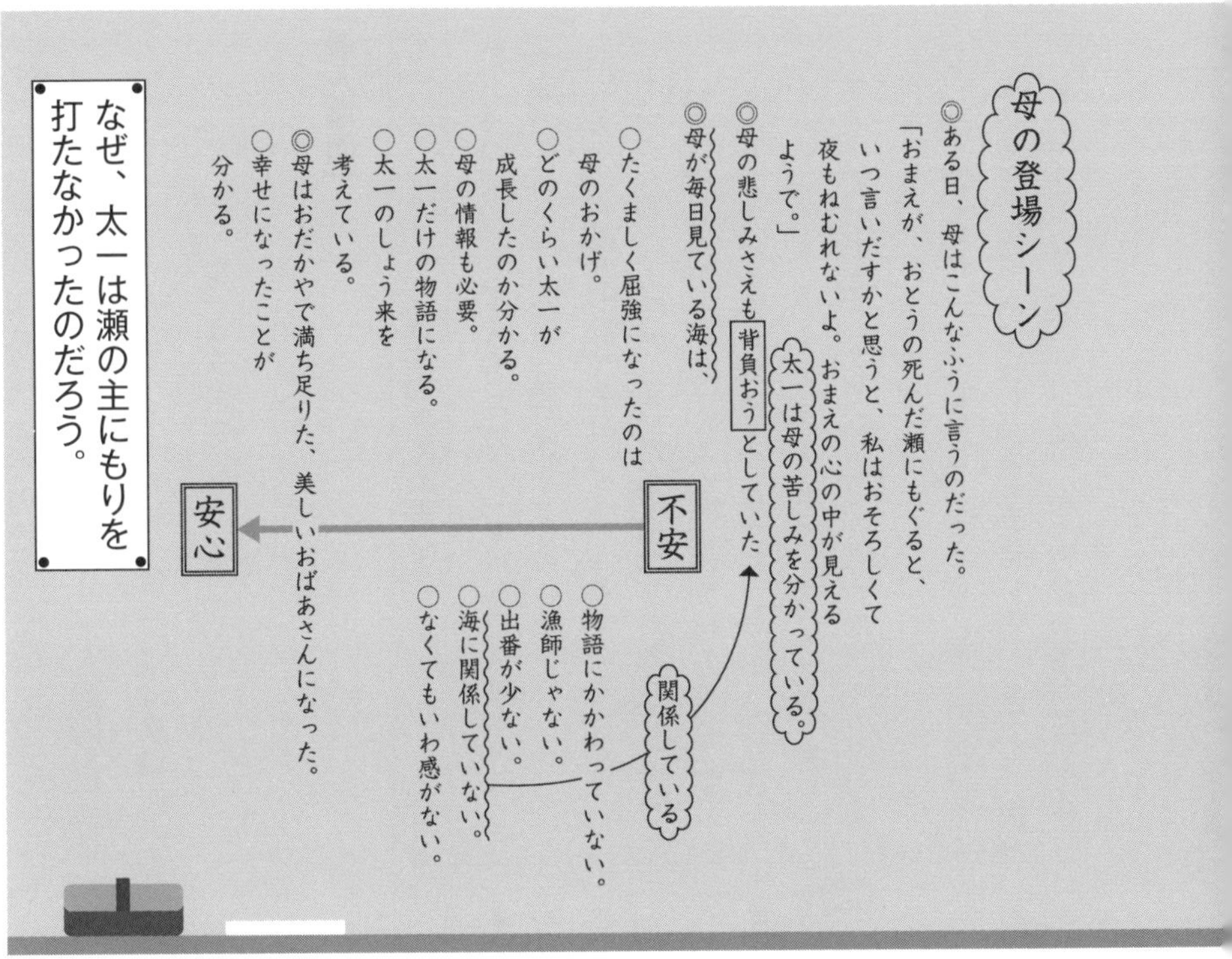

考えの発表

自分の考えの根拠になった本文の言葉とその理由について発表し合う。

深める問い

「第六場面の母の様子から太一のどのような生き方が伝わるか」を問いかけ、物語上の母の存在や役割について理解を深める。

考えのまとめ

話し合ったことを基に、再び課題についての自分の考えを表現する。

本時は、「この物語に母は必要か」という学習課題を設定します。これまでの授業では描写から人物像を読んだり、人物像を比較したりと物語の内容に関わる課題を設定してきました。しかし、太一の母の場合は登場場面の少なさから、描かれることの効果について話し合うようにしました。

【導入場面】

授業の実際の様子	教師の思考の流れ
T　この前の「おとうと与吉じいさは似た人物か」について書いた作品論から紹介してもらいます。 C　「この問題について私はこう考える。おとうと与吉じいさは似た人物だと思う。理由は、おとうと与吉じいさは同じ海で漁をしていたり、海や海の命を大切にしたりしているからである。しかし、おとうと与吉じいさの違うところもある。それは、おとうは命がけの生き方だけれど、与吉じいさは安らかな生き方ということである。」 C　「この問題について私はこう考える。海への気持ちをみると、どちらも海に感謝をしている。しかし、魚のとり方は全く違っている。おとうは魚も命がけで生	➡今回も前時の想起と書き方のモデル提示を兼ねて、作品論を紹介させよう。 ポイント ➡二人を比較して、共通点と相違点で捉えた読み方ができているな。

きているのだから、自分も命がけでとろうと思っているのだと考える。与吉じいさはおとうに比べると安全な漁だが、魚をとる量を決めて海への感謝を伝えているのだと考える。このように、感謝の気持ちは似ているが感謝の仕方が違うのだと考える。」

C　感謝の仕方が違うということころがすごい！

T　…さんのように、一見すると同じような登場人物に思えるおとうと与吉じいさの違いについて、漁の仕方などの叙述を基に考えられている人がたくさんいました。今日はこれまで話し合っていない別の登場人物について考えてみたいのですが、誰だか分かりますか。

（子どもたちが「お母さん」とつぶやく。）

T　そうです。実は、この登場人物、太一のお母さんについては、最初の感想などで誰も書いていません。どうして誰も話題にしないのかな。

C　あんまり登場しないから。

T　そうか。お母さんはどこで登場していますか。

C　「ある日、母はこんなふうに言うのだった。～」

C　「母が毎日見ている海は、いつしか太一にとっては自由な世界になっていた。」

C　「母は、おだやかで満ち足りた、美しいおばあさん

➡おとうと与吉じいさの違いを「感謝の仕方」という自分なりの言葉で表現しているな。

➡前回の読み方を簡単に確認して、本時の課題で扱う母に焦点化させていこう。

➡太一の母にすぐに気づいているな。

ポイント

➡物語の中での登場の少なさに目を向けさせたい。

➡場面ではなく、物語全体を対象にしていることに気づかず、第六場面に着目できていない子もいるようだ。

授業の実際の様子	教師の思考の流れ
になった。」 T　これだけなんだね。この「海の命」でこれだけしか登場しなくて、みんなの感想にも出てこないお母さん、この物語に必要なのかな。 （子どもたちが「要る」「ううん」などとつぶやく。） T　では、今日はこのことについて考えてみましょう。 （「この物語に母は必要か。」と板書する。）	➡ここで、課題につながるゆさぶりをかけよう。 ➡少し間を置こう。

おとうや与吉じいさと同様、「母」の存在は、単元を通した課題「なぜ、太一はもりを打たなかったのか」の一つの解釈をつくるための大切な要素となってきます。本時の課題について話し合う中で、クライマックス場面につなげて考える子どもも出てくるかもしれません。

【展開場面】

授業の実際の様子	教師の思考の流れ
（自分の考えをまとめ、ペア対話をする。対話を終えたら、ネームプレートで自分の立場を黒板に表示する。） T　少ないほうの考えから発表してもらいます。 C　必要ないと思う。必要な感じなんだけど、物語に関わっていないから必要じゃないと思う。 C　必要ではないと思う。理由は、ストーリーに関わる	➡ネームプレートを使って、自分の立場が目に見えるようにさせよう。 ➡やはり「必要ない」が少ないな。意見を出しやすいように、少数派から発言させよう。 ➡登場場面の少なさや物語への関わりから「必要ない」

のならもっと登場する場面が多いと思うから。

C　必要ない。理由は、与吉じいさとおとうは漁師で、太一は子どもの頃から漁師になると言ってはばからなかった。太一はおとうを越えて村一番の漁師になると心に決めている。お母さんは漁師ではないから。

C　必要だと思う。理由は、母のおかげで太一はたくましい屈強な若者になったから。最初はただの少年だったけど、父が死んだ悲しみや母の悲しみさえ背負おうとしていたから屈強な若者になれたと思う。

C　太一は屈強な若者になったと書いてあって、強そうな感じだけど、母の不安を背負ってさらにたくましくなった感じがあるので、母は必要だと思う。

C　必要だと思う。…さんに少し似ていて、太一がどのくらい成長したのかが母の文章で分かるから。

C　太一が生まれてから母がずっとそばにいるわけで、もし母が物語に登場しなかったら、いつ亡くなったのか生きているのかが分からないから必要。

C　母の部分は必要だと思う。理由は、おとうも与吉じいさも亡くなって、お母さんも亡くなってしまう物語だったとしたら、太一だけの物語になってしまって物足りない感じがするので、母が必要だと思う。

と判断しているな。

➡物語を「太一が漁師へと成長する話」だと捉えて、漁師ではない母は「必要ない」と判断したんだな。

➡屈強な若者になった背景に母の存在があって、悲しみが屈強にさせたということか。おもしろい発想だ。

➡先ほどの発言と同じように考えているようだ。

➡母の叙述から、太一の成長が読み取れるという意味かな。深める場面で触れるようにしよう。

➡物語の設定上、母について語られる必要があるということか。

➡「孤独な太一」と「守るべき母の存在がある太一」との比較をしているようだ。物語として直感的に「物足りない感じ」がするのか。

C　必要ないと思う。お母さんは海に関係していないし、苦労はしてきたけれど漁師ではないから。もし、母の部分を抜かして読んでみてもおかしい感じがしない。

C　そう、違和感がない。

T　今、みんなの話し合いを聞いていて、母は漁師ではないから必要ない、なくても物語が成立するから必要ないという意見、物語の筋には直接関係がないけれども、物語の背景として太一の成長を支えてきたのは母だから必要という意見、そして…さんが言うように、母の文章の部分を通して太一の成長が読者に伝わるからという意見があることが分かりました。みんなの意見は、「ある日、母はこんなふうに言うのだった。～」「母が毎日見ている海は、～」の箇所に集中していたけれど、第六場面の母の姿も含めて、考えてみましょうか。

（考えを整理する時間。）

C　やっぱり母が必要だと思う。お母さんがいないと太一のストーリーが進まないと思う。おとうの経験は、太一に海の怖さを教えていて、母は太一の将来のことを考えてあげているから必要だと思う。

C　必要だと思う。…さんに付け足しで、与吉じいさと

➡「必要ない」という子どもたちは、「太一の漁師へと成長する話」が成立するかどうかで考えているんだな。

➡ここで少し整理をしよう。

➡第六場面への着目を促そう。

➡間を置いて考えさせよう。

➡おとうの経験から学んだ「海の怖さ」を、母が太一や読者に想起させる「装置」になっていると感じているのだろうか。

おとうは死んで、それだけでも悲しいのに、もし母が亡くなったらもっとショックになる。だけど、物語では、太一は村の娘と結婚し子どもを四人育てたということで、幸せになっている感じがあって、それで母も満ち足りた美しいおばあさんになったと書いてあって、自分の母が美しくなったということは、それはとても幸せになったということだから必要だと思う。みんなが幸せになったことが分かる。

C　ああ。（納得の声。）

T　なるほど。物語の筋には直接関係がないように見えるけれども、その母の姿が描かれることで、中心人物の太一のそのときの様子が読者に伝わってくるんだね。
　ところで、お母さんが、海にもぐっておとうと同じように死んでしまうんじゃないかと太一を心配していることを、太一は知っているのかな。

C　知っている。

T　その証拠は、どこかな。

C　「太一は母の悲しみさえも背負おうとしている」

（子どもたちが「同じです」と反応する。）

T　太一は母の悲しみを知っている。その悲しみを背負ってまでも、太一は父の海に向かおうとしているんだ

➡最後の母の姿からみんなが幸せになったということが読者に伝わると言っているんだな。

➡みんなも納得しているようだ。

●ポイント

➡母の思いを太一がどのように受け止めていたのかを確認して、母の不安から安心への変化を全体で確認しよう。

ね。では、瀬の主と出会った後、太一は母を悲しませるような生き方をしたのだろうか。
（子どもたちが「してない」とつぶやく。）
T　その証拠は、どこかな。
C　「母は、おだやかで満ち足りた、美しいおばあさんになった」
T　このように、お母さんが登場していることによって、太一の状況が読者に伝わってくるという効果もあるんだね。では、「この物語に母は必要か」についての自分の考えを作品論にまとめましょう。

➡瀬の主と出会った後の太一の生き方について問いかけよう。

➡母が描かれることの効果について確認して、自分の考えをまとめさせよう。

本時では、ネームプレートによる立場の表明を取り入れてみました。ネームプレートの立場の表明によって、活発な意見交換につながりました。状況に応じて、考えが変わったら途中で張り替えさせるなどの活動を入れてもいいでしょう。

話し合いの中で、物語の筋への関わり、設定としての必要性、描かれることによる物語上における効果などの観点の違いから、子どもたちの意見は分かれました。そこを黒板上などで構造的に示してやることで、話し合いはさらに整理されていくでしょう。

【子どもたちが書いた本時の作品論の例】

●この問題について私はこう考える。私は最初、母は物語にはあまり関係ないから、母は必要ないと思っていた。しかし、太一が父の死んだ瀬にもぐることが不安だった母の気持ちが、最後にはおだやかで満ち足りた美しいおばあさんになったので、安心な気持ちに変わったのだとみんなの意見を聞いて分かった。このことから、母は海に関係していて必要であると少し思った。

●この問題について私はこう考える。この物語には、母が必要である。なぜかというと、大人になった太一はあまりしゃべらなくなったし、おとうも与吉じいさも死んでしまったからだ。つまり、誰も太一の成長を言ってくれる人がいなくなってしまうから、この物語に母は必要だと考える。

第5時

「太一はなぜ瀬の主にもりを打とうと思っていたのだろう」について話し合い、クライマックス前の太一の心情について自分の読みをまとめる。

指導目標

○太一が、なぜ瀬の主にもりを打とうとするのかについて想像し、変容前の太一について捉えること。

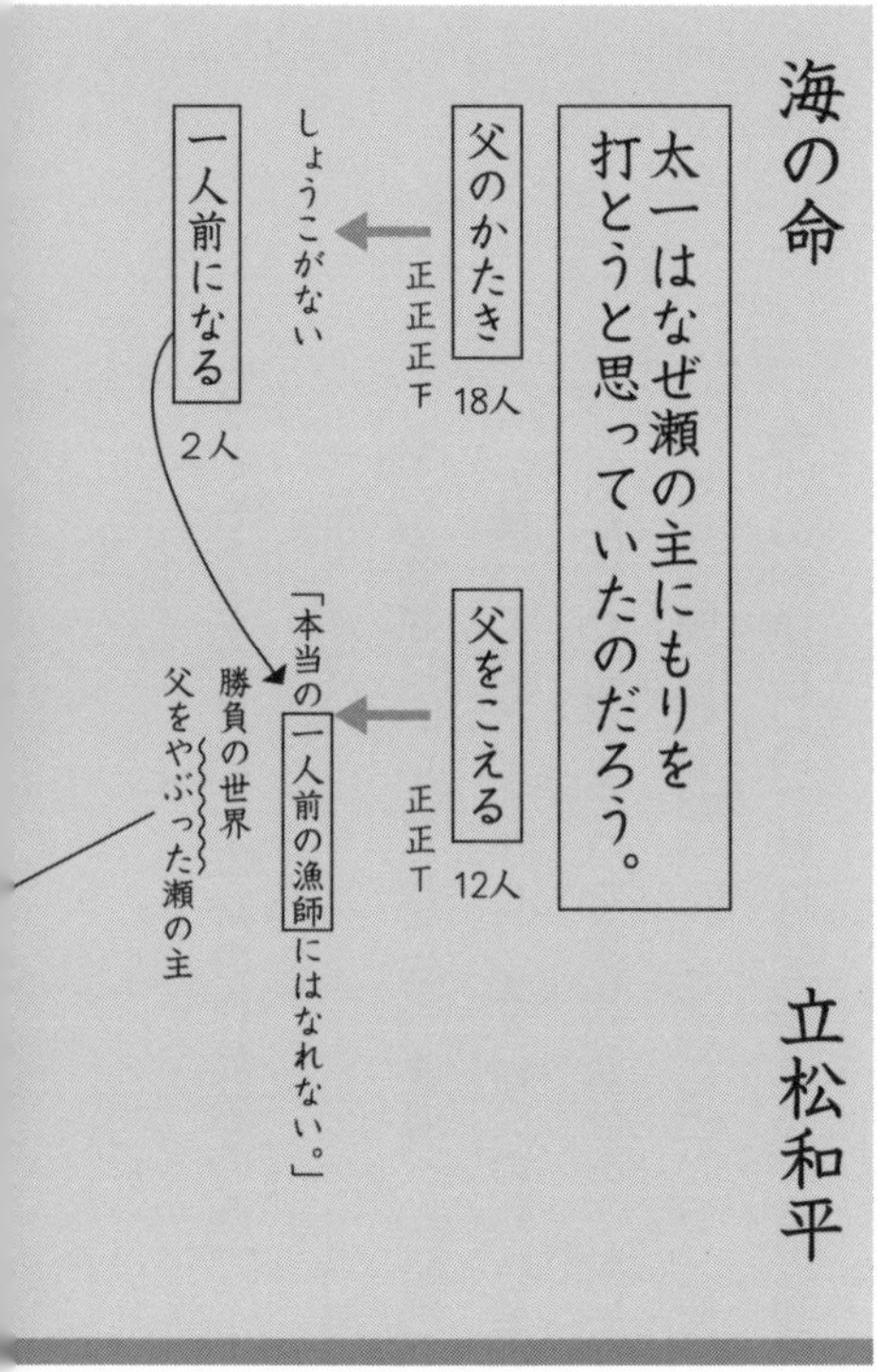

課題の共有

「太一はなぜ瀬の主にもりを打とうと思っていたのだろう」という課題について、自分の考えを表現する。

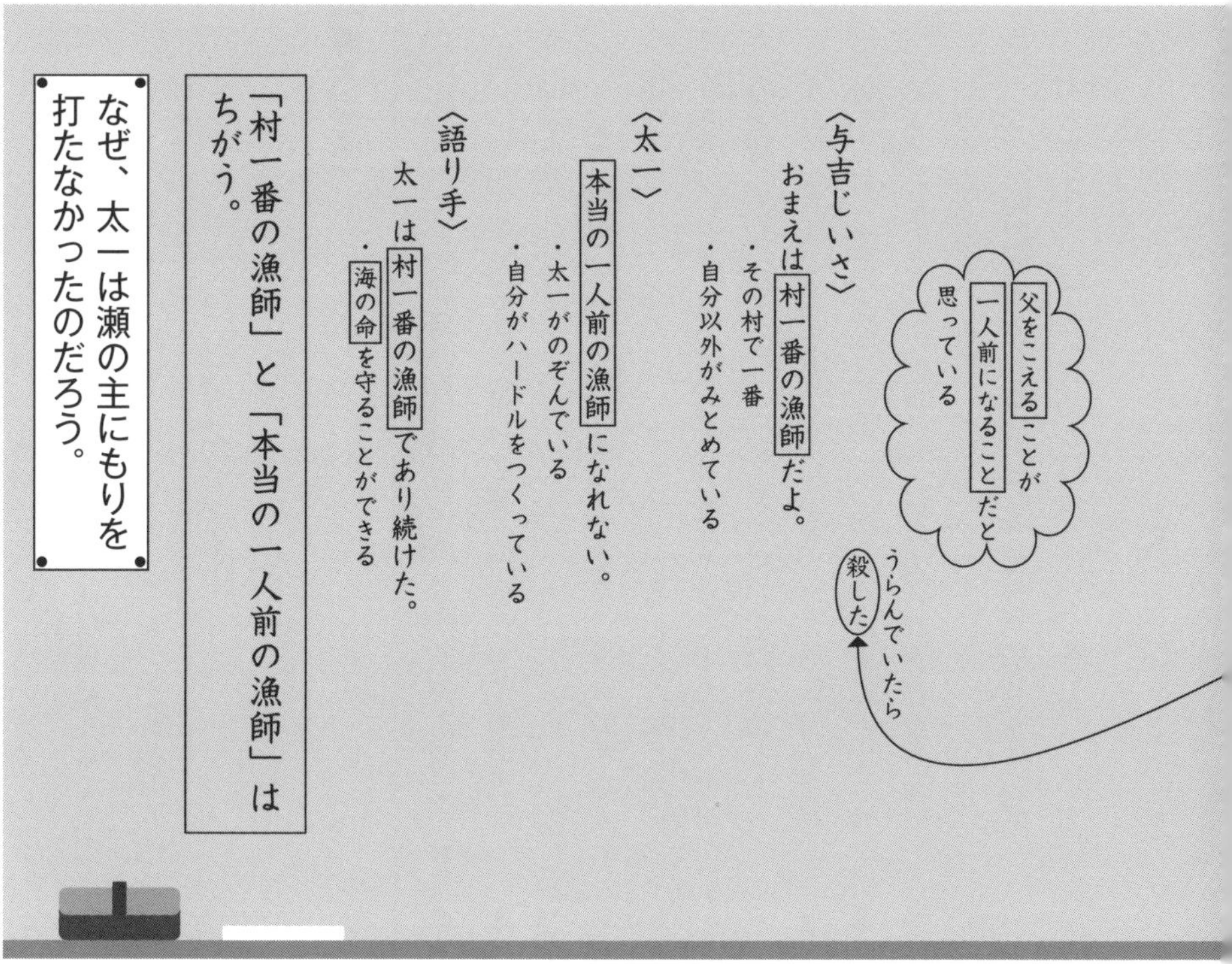
父をこえることが
一人前になることだと
思っている
うらんでいたら
殺した
〈与吉じいさ〉
おまえは村一番の漁師だよ。
・その村で一番
・自分以外がみとめている
〈太一〉
本当の一人前の漁師になれない。
・太一がのぞんでいる
・自分がハードルをつくっている
〈語り手〉
太一は村一番の漁師であり続けた。
・海の命を守ることができる
「村一番の漁師」と「本当の一人前の漁師」はちがう。
なぜ、太一は瀬の主にもりを打たなかったのだろう。

考えの発表

自分の考えの根拠になった本文の言葉とその理由について発表し合う。

深める問い

「『村一番の漁師』と『本当の一人前の漁師』との違いは何か」を問いかけ、太一の心情についての理解を深める。

考えのまとめ

話し合ったことを基に、再び課題についての自分の考えを表現する。

本時の学習課題では、太一が瀬の主にもりを打たなかった理由について考える前に、そもそも太一がなぜ瀬の主を仕留めようとしていたのか、その動機について考えさせます。変容前の太一の思いを知ることで、それがなぜ、どのように変わったのかという次時の課題へとつなげていくことができます。

【導入場面】

授業の実際の様子	教師の思考の流れ
T　前時の「この物語に母は必要か」について書いた作品論を紹介してください。	⬇今回も前時にまとめた作品論から発表させよう。子どもたちの意欲化や表現のモデル化につながるだろう。
C　「この問題について私はこう考える。母は必要な人物だと思う。なぜなら、この物語がものたりなくなるからだ。もし、母の登場する場面をなくすと太一は母の気持ちを背負っていないままの村一番の漁師であっただろう。でも、母がいたから太一はこの気持ちを背負って村一番の漁師になった。母はかげで太一をものすごく心配していたと思う。母は大きな存在をもっているから必要だと思う。」	⬇この物語では、母の気持ちを背負う太一を描くことに意味があると考えているんだな。
C　「この問題について私はこう考える。私は母は必要だと考える。確かに母のかげはうすい。そして、いら	

ないとも考えてしまうかもしれない。だが、主人公を幸せに見せたり、たくましい背中に見せたりという役割があると考えた。このことから母は必要だと考える。」

C　「この問題について私はこう考える。私はこの物語に母は必要だと思う。理由は、教科書に『太一は、そのたくましい背中に、……いたのである。』と書いていたから、太一の母を思う気持ちが見えてくるからだ。そして、やさしさやたくましさが強調されているので、母はこの物語に必要だと思う。母が必要ではなかったら、この物語に登場してこなかっただろう。」

T　…さんは、母が描かれることで太一のやさしさとたくましさがより強く伝わってくる、「強調」されていると考えたんですね。なるほど。みんな段々と深い読みができるようになってきたね。今日は、…さんが最初の感想で書いた疑問について考えてみたいのですが、…さん、みんなに紹介してください。

C　はい。「あの大魚をとらなくても漁師になれるはずなのに、なぜとろうとするんだろう」です。

T　本当にその通りだね。なぜ、そうまでして大魚をとろうとするんだろう。みなさんはどう思いますか。

⬇登場人物を物語上の役割という観点で見ることができている。

⬇この子は、さらに母の物語上の役割について「太一のやさしさやたくましさを強調する」と具体的に考えられているんだな。

⬇「強調」という言葉を確認しておこう。

⬇課題につながる子どもの感想を紹介させよう。

⬇全体に投げかけて、課題につなげよう。

授業の実際の様子	教師の思考の流れ
（子どもたちがつぶやく。） Ｔ　太一はなぜ瀬の主にもりを打とうとしていたのか、今日はそのことについて考えてみましょう。 （「太一はなぜ瀬の主にもりを打とうと思っていたのだろう。」と板書する。）	ポイント ⬇教師が話さず間を空けることで、子どもたちの思考が活性化しているな。

本時は、太一がもりを打とうと思っていたことを前提として話し合っていきます。もし時間に余裕があれば、先に「太一は、もりを打とうとしていたのか」という問題について子どもたちに考えさせることもできます。その際には、語り手が語っている「太一の夢」とは何かについても問題になってくるでしょう。

【展開場面】

授業の実際の様子	教師の思考の流れ
Ｔ　まず、太一がなぜ瀬の主にもりを打とうと思っていたのかについて、自分の考えを簡単に書きましょう。 （個人で考えをノートに書く。） Ｔ　一人一人発表してください。考え中でもいいですよ。 （一人一人が発表する。）	⬇最初に根拠を問わずに自分の考えを簡単に表出させて、全員を学習に参加させよう。

（「父のかたきを討つため」……一八人、「父を超えるため」……一二人、「一人前になるため」……一人。）
T　一番多かった「父のかたきを討つため」から、根拠となる叙述を挙げて発表しましょう。
（しばらく探す時間が続く。）
C　「おとうといっしょに海に出る」と言ってはばからなかったところから、太一は、おとうといっしょに海に出ることを願っていたのに、おとうが瀬の主に負けてしまったので悔しかったから、かたきを討とうと思ったと思う。
C　えっ。
T　今「えっ」と言った人、何が「えっ」なの。
C　確かに太一はおとうといっしょに海に出たいと思っていたけど、そこから先に言ったのは予想だと思うので理由にはならない。
C　ううん。（悩む様子。）
C　「母の悲しみさえも」のところから、父の悲しみもあることが分かって、その父の悲しみのかたきを討とうと思ったと思う。
C　ええっ、それはちょっと……。
C　「これが自分の追い求めてきたまぼろしの魚、村一

➡既に「父を超えるため」が出てきた。子どもたちの半数弱が、物語の全体を捉え始めている。

➡数が多いことを理由に、「父のかたきを討つため」から扱って、根拠を挙げる難しさを感じさせよう。

➡この子は、理由である自分の解釈を話しているな。

➡やはり、反応した。問いかけて、根拠ではないことを指摘させよう。

➡根拠となる叙述を挙げていないと言いたいのだろう。

➡この子には、死んだ父が悲しんでいるイメージや太一が瀬の主に恨みを抱いているイメージがあるのかな。

➡周囲も戸惑っている。

番のもぐり漁師だった父を破った瀬の主なのかもしれない」とあって、「父を破った」とあるから父を殺した真犯人だと思ってかたきを討とうとしたと思う。

C　そこは、「父を破った」瀬の主だから、その瀬の主を倒して父を超えようとしているという根拠とも考えられるから「父のかたき」の根拠にはならないと思う。

C　「かもしれない」とあるから、真犯人ではないかも。

C　父を破った瀬の主は目の色が緑色だけど、太一が出会った巨大なクエは目の色が青色だから、太一は瀬の主にもりを打とうと思っていたけど、目の色が違うから、違う魚だと思って打つのをやめたのだと思う。

C　ええっ、ちょっと違うと思う……。

C　「追い求めているうちに、不意に夢は実現するものだ」のところから、まず父のかたき討ちには強い信念が必要だと思うし、父を超えるというのは、ううん……。

T　困ってしまったね。「父のかたきである」という証拠はありそうですか。

C　ない。

C　では、「父を超える」の方の根拠はあるんですか。

C　「この魚をとらなければ、本当の一人前の漁師になれないのだ」と書いている。

➡「破った」の部分についての考えが出てきた。「破った」に注目させるチャンスだ。

ポイント
➡同じ叙述から「父を超える」側の違う解釈が出てきた。後で扱おう。

➡叙述や目の色に着目したのはいいが、違うクエだという考えになっている。今、この話題を深めようとすると、混乱するだろう。

➡多くの子どもがその考えは違うと思っているようだ。

➡今、「夢」とは何かについて考えさせると、もりを打つ以前の話になってしまう。本人が困っているから、ここまでで明確な根拠がないことを確認しよう。

➡子どものほうから根拠を求め出したぞ。

➡「本当の一人前」に着目している。その表現がなぜ

C　太一は村一番の漁師だけど、この魚をとれば一人前の漁師になれると思った。
C　でも、太一は「一人前の漁師」と言っていて、「父を超える」漁師になるとは言っていません。
C　おとうは村一番だったけど、一人前の漁師ではなかったかもしれない。だから、瀬の主を倒すと一人前の漁師になって父を超えることになるかもしれない。
C　ああ。（多くの納得している反応。）
T　先生から…さんと…さんが言った「父を破った」（黒板を指して）という表現について少し聞きたいのですが、おとうを超えたいという場合と、おとうのかたきだ（強い口調）と思っている場合とでは、「父を破った」という表現はどんなふうに違ってくるのかな。
C　かたきの場合は、「父を殺した瀬の主」になると思う。（周囲から納得の反応。）
T　どう違うの。
C　「破った」だと「殺した」に比べて恨みがない感じ。
C　「破った」の方は、クエが父を超えたという感じ。
C　勝負をして父が負けて、クエが勝った。
T　なるほど、おとうのかたきという強い思いがあると「父を殺した」という表現、「破った」という表現だと「父を超える」ことになるのかについて考えさせたい。

➡うん、この反論にどのように答えるだろうか。

➡この子は、瀬の主に戦いを挑んだ父が未熟な漁師であったという読みをしているようだ。

➡多くの子どもが納得している。ここで、「破った」の表現の解釈について考えさせてみよう。

➡イメージの違いによる言葉の使い方について考えさせたい。

➡「殺した」が出てきた。

➡「破った」と「殺した」でのイメージの違いを聞いてみよう。

●ポイント
➡「勝負」というイメージが共有されてきた。一度まとめてしまって、ここで「村一番」と比較させて、「本当の一人前」について考えさせよう。

恨みがなくて「父を超える」という感じがするんだね。では、…さんが「父を超える」の証拠で挙げた「この魚をとらなければ、本当の一人前の漁師になれない」というところについてだけど、太一は与吉じいさに「村一番の漁師」と言われていませんでした？「村一番の漁師」と「本当の一人前の漁師」って、どう違うの。ペアで話し合ってみよう。（ペアで話し合う。）

C 「村一番の漁師」は、その村で一番漁ができる漁師のこと。

C 「本当の一人前の漁師」は、太一が望んでいる、なりたいと思っている漁師のことで、「村一番の漁師」というのは村で一番漁がうまい漁師のこと。

C 「村一番の漁師」は、自分以外の他人が思っている漁師のことで、「本当の一人前の漁師」は自分がハードルをつくって認める漁師だと思う。

C 「村一番の漁師」は、村の中では誰よりも漁がうまい漁師のことで、「本当の一人前の漁師」は自分が今なりたがっている漁師のこと。

C 「村一番の漁師」というのは、おとうがいなくて与吉じいさもあまり漁ができない中で、村一番だよということ。「本当の一人前の漁師」は、おとうも与吉じ

➡すぐに考えをまとめるのは難しいだろうから、ペアで話し合わせて考えを整理させよう。

➡漁の技術のことを言っているのかな。

➡二つの違いが出てきた。

➡「自分がハードルをつくる」とは、おもしろい表現だ。

➡みんな、自分の言葉で表現しようとしているな。

いさもクエも超えて一番という意味だと思う。

T　なるほどねえ。今、みんなが発言した「村一番の漁師」は、物語では誰が言っているのですか。

C　与吉じいさが太一にしゃべった。

C　最後の場面の「村一番の漁師であり続けた」は、地の文にある。

T　地の文って誰が語っているの。

C　語り手。

T　なるほど、「村一番の漁師」というのは、言葉通りで村一番の魚をとるのが上手な漁師のことで、人から認められている漁師、「本当の一人前の漁師」というのは自分で思い描いている漁師のことなんだね。

　太一はこの時点で「村一番の漁師」なんだけど、どうしたら本当の一人前の漁師になれると考えているんだろう。

C　瀬の主を倒すこと。

C　父を破った瀬の主を太一が破って、父を超えること。

T　みんなで話し合って、太一が瀬の主にもりを打とうとしていた理由が、少しずつ見えてきたね。

　次は、いよいよ「なぜ、太一は瀬の主にもりを打たなかったのか」について考えていきましょう。では、

➡子どもたちの考えを補強するように、誰が「村一番の漁師」と言っているのかについて考えさせよう。

➡「村一番の漁師」と「本当の一人前の漁師」の違いについてまとめよう。

➡ここで、太一の考える「本当の一人前の漁師」について問いかけよう。

➡意欲を喚起するように、次時の予告をしよう。

今日の課題についての自分の考えを作品論にまとめましょう。

必ずしも「父のかたき」と「父を超える」という考えのどちらかでなければならないというわけではありません。入り交じった複雑な心情だと考える子もいるでしょう。太一の心の奥には、瀬の主を憎む気持ちが少なからずあるという考えを否定する材料がないからです。様々な叙述を検討させながら、最終的に結論付けさせることが大切です。

【子どもたちが書いた本時の作品論の例】

●この問題について私はこう考える。太一は父をこえるために瀬の主を打とうと思っていたんだと思う。村一番の漁師は、太一が住んでいる村の中で一番の漁師で、本当の一番の漁師は、村の中だけじゃなく、太一が目指している漁師だと考える。そしてそのこんきょは、「本当の一人前の漁師になれない」という言葉が書いてあったので、それを理由に私は答えを出した。

●この問題について私はこう考える。太一は父のかたきうちではなかったんだと分かった。だが、私はこう思う。それでも父のかたきうちなのではないかと。その理由は、最初の「ぼくは漁師になる。おとうといっしょに海に出るんだ」と言ってはばからなかった太一の強い信念である。それができなかった太一は、瀬の主をうらんでいるのだと感じた。だから、太一には父のかたきうちの思いが少しあるのだと思う。

●この問題について私はこう考える。太一はおとうをどうしてもこえたかったんだと考える。太一はおとうにあこがれていたし、何より本当の一人前の漁師になっておとうのように海に感謝して生きたかったんだと考える。だから、瀬の主を打つことでおとうをこえたかったのだ。太一は、だれに「村一番だよ。」と言われようと、自分の中の一番になりたかったんだと考える。

第6時

「太一は瀬の主にもりを打たなかったのか・打てなかったのか」について話し合い、太一の変容について自分の読みをまとめる。

指導目標

○太一は瀬の主にもりを打たなかったのか・打てなかったのか、太一を止めさせたのは何かを想像し、変容後の太一について捉えること。

海の命　立松和平

なぜ、太一は瀬の主にもりを打たなかったのだろう。
（た → て）

◎太一は「打たなかった」のか「打てなかった」のか。

〈自分の考え〉

課題の共有

「太一は瀬の主にもりを打たなかったのか・打てなかったのか」の課題について、自分の考えを表現する。

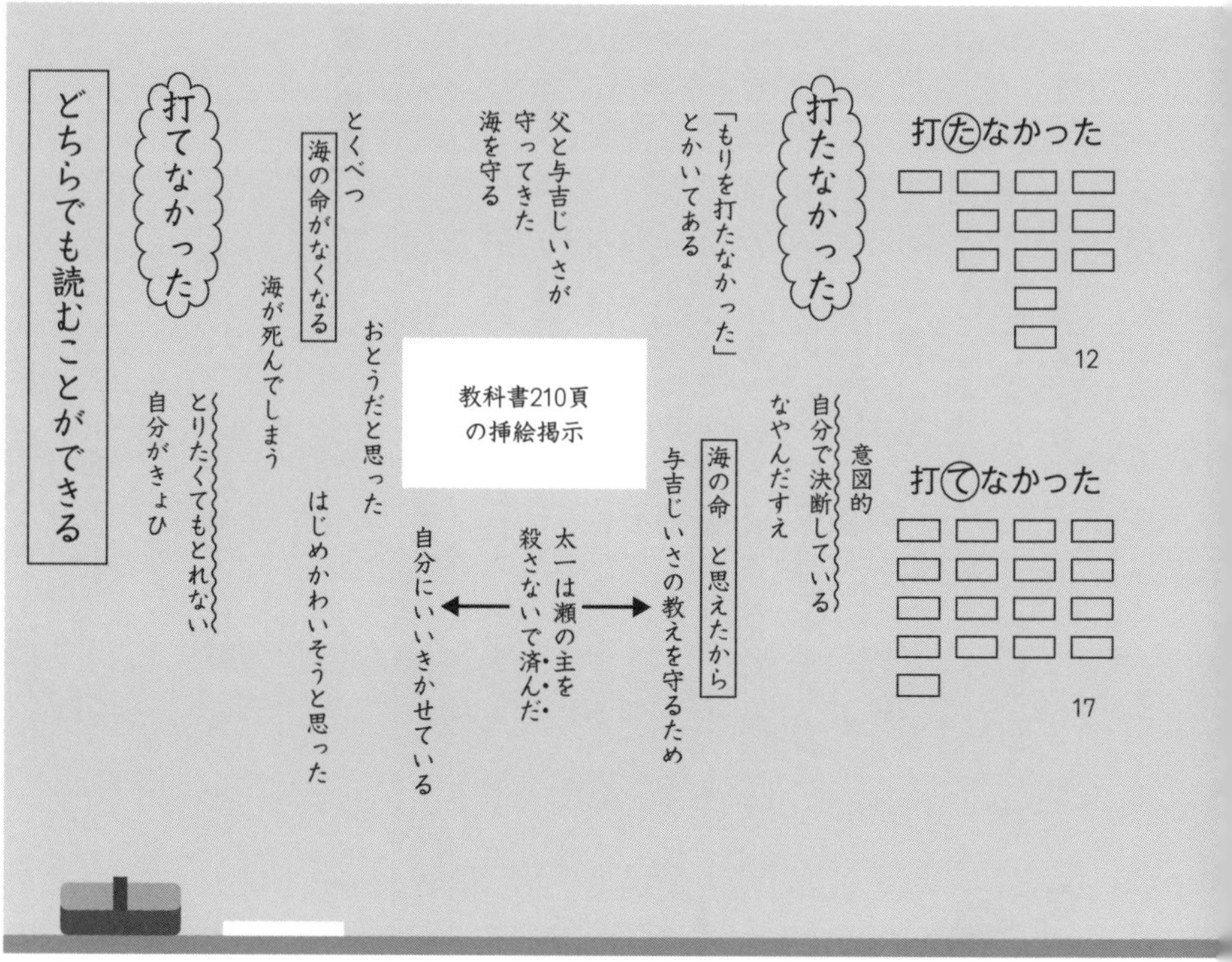

考えの発表

自分の考えの根拠になった本文の言葉とその理由について発表し合う。

深める問い

「打たなかった」、「打てなかった」に共通する理由やその他の理由の可能性について話し合う。

考えのまとめ

話し合ったことを基に、再び課題についての自分の考えを表現する。

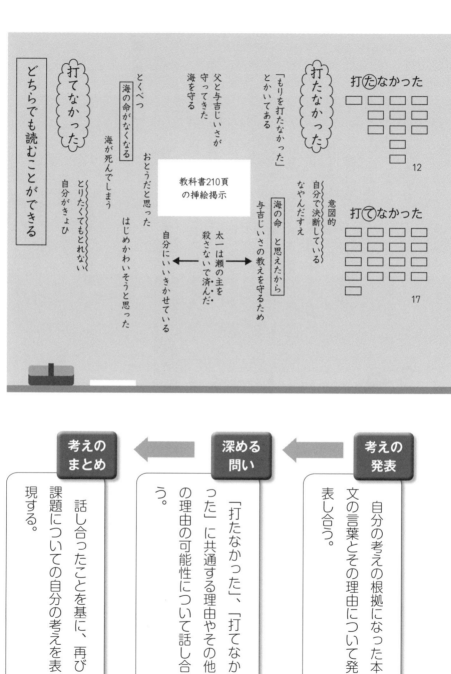

本時は、単元を通した課題について自分の読みをつくる場面ですが、直接的に問うのではなく、「太一は瀬の主にもりを打たなかったのか・打てなかったのか」という学習課題を設定します。二者択一にすることで、互いの考えの発表だけで終わりがちな本時の場面を、判断した理由について叙述を基に話し合う場にします。

【導入場面】

授業の実際の様子	教師の思考の流れ
T　今日は、いよいよこの物語の最大の謎を考えていきます。どんな課題だったかな。 C　「なぜ、太一は瀬の主にもりを打たなかったのだろう」（多くの子どものつぶやき。） T　そうだったね。でも、今日は最初からそれについて考えていくのではなく、考えの微妙な違いについて話し合いやすいように、太一が瀬の主にもりを「打たなかったのか」、「打てなかったのか」から話し合ってみたいと思うのですが、（間）違いが分かりますか？ C　ううん。（考えている様子。） T　声に出して読んでみましょうか。最初に考えていた方は？（黒板を指しながら。）	➡本時設定する課題について、説明しよう。 ポイント ➡まだ違いがつかめていないみたいだ。声に出すことによって、ニュアンスの違いを感じさせよう。

C 「太一は瀬の主にもりを打たなかった」
T 「打てなかった」にすると？
C 「太一は瀬の主にもりを打てなかった」
C ああ。（納得した声。）
T 少し分かってきたかな。まず、今の時点の直感でいいから、挙手してみましょうか。「打たなかった」と思う人？（半分くらいが挙手。）「打てなかった」と思う人？（半分くらいが挙手。）
T 意見が分かれているみたいだね。どちらなんだろう。（間のあとに、多くの子どものつぶやき。）では、太一は瀬の主にもりを「打たなかったのか」、それとも「打てなかったのか」について考えてみましょう。（太一はもりを「打たなかった」のか「打てなかった」のかと板書する。）

➡互いの考えが違うことを確認するために、全体で挙手をさせよう。
➡半々に分かれたな。
➡どちらなのかとゆさぶって、課題意識を高めよう。

子どもたちの考えは、「打たなかった」「打てなかった」が、同数近くに分かれました。「自分の意思だった」のか、「そうせざるを得なかった」のか、その理由について話し合わせることで、太一の揺れる心情に迫れるのではないかと考えました。

【展開場面】

授業の実際の様子

（ペア対話を行い、自分の考えを書く。）

T　では、自分の立場をネームプレートで表しましょう。

（それぞれの子どもが、黒板にネームプレートを貼る。
「打たなかった」十二名、「打てなかった」十七名。）

C　ぼくは、「打たなかった」だと思う。「太一は瀬の主を殺さないで済んだのだ」と書いてある。瀬の主にもりを打てなかっただと、太一は瀬の主を殺せなかったと書くと思う。

C　意見があります。ぼくは「打てなかった」だと思う。理由は、太一は父を超えようとして瀬の主を追い求めていたけど、瀬の主がかわいそうだと思ったと思う。「こう思うことによって」と書いてあるから、もし思わなければ、太一が瀬の主を殺していた可能性もあるから、「打てなかった」だと思う。

C　今…さんが、かわいそうだから打てなかったと言っていたけど、それは妄想というか、どこにも書いていなくて、「今まで殺してきた」と書いてあるので、なぜ、そのときだけ悲しくなったのか疑問に思った。

教師の思考の流れ

⬇まずペアで話し合わせて、自分の考えを整理させてから書かせよう。

⬇予想では「打たなかった」の方が多いだろうと思っていたが、同数近くになった。

⬇やはり、「瀬の主を殺さないで済んだのだ」の箇所に着目しているな。「打てなかった」だと表現の仕方が違ってくるということか。

⬇「かわいそう」という表現には、別の思いもある可能性があるな。

⬇「こんな感情」の部分のことを指しているな。太一の中に湧き出た感情を深めるいい疑問だ。

T　…さん、今まで数限りなく魚を殺してきたのに、なぜ瀬の主のときだけかわいそうなんですか？
C　「海の命」という題名がなくなってしまうからです。
T　どういうこと？
C　…大魚はこの海の命だと思えたと書いているから、大魚をとると海が死んでしまうと感じたと思う。
C　「打てなかった」方で、…さんに付け足しで、この大魚は「海の命」でもあったし、おとうでもあったと思う。もし、おとうじゃないと思ったら、大魚に「おとう、ここにおられたのですか」とは思わないから、大魚は「海の命」であり、おとうでもあったと思う。
C　「こう思うことによって」と書いてあって、わざと思ったってことだから、それは違うと思う。
C　ぼくは全く真逆で、「打たなかった」と思う。同じところで、太一が「海の命」だと思ったわけだし、「太一は瀬の主を殺さないで済んだ」と書いてあって「打てなかった」だと変な感じがするから。
T　今、…君が、「打てなかった」だと変な感じがするって言ったけど、「太一は瀬の主を殺さないで済んだ」のところで、「打たなかった」だと思う理由は？
C　自分で決断している。

➡「かわいそう」の真意を聞いてみよう。

➡「海の命」を守りたいという感情のことだろうか。

➡「海が死んでしまう」という表現、海全体の生命へのつながりを感じているようだ。

➡「おとうでもある」とは、「こう思うことによって…」に着目できているのか、着目しているとすれば、どのように解釈しているのだろう。

➡やはり、着目している子どもからすぐに反論が出たな。

ポイント
➡「瀬の主を殺さないで済んだ」が、自分の意思で行動したことを表す表現であることを言いたいんだな。全体で確認しておこう。

➡「打てなかった」場合も確認しておこう。

T　「打てなかった」だと、どんな感じがするの？
C　「打てなかった」だと怖がっている。
C　「打てなかった」だと、とりたくてもとれない。
T　そんな違いがあるんだね。では、続けましょう。
C　ぼくは「打てなかった」だと思う。理由は二つあって、一つは「打たなかった」は悩んだ末に決めたことで、「打てなかった」は自分の体が拒否しているのだと思う。（「おお」という周囲の反応。）二つ目は、もしも瀬の主がおとうでもあったら、おとうを殺してしまうことになるので、「打てなかった」だと思う。
C　最後の場面で「もりを打たなかったことは～」と書いてあるから、「打たなかった」でいいと思う。
C　ああ。（多くの子どもの納得した反応。）
T　「ああ」って、どう思ったの？
C　「もりを打たなかった」と書いてあるから、「打てなかった」ではなく、太一は自分自身で打たなかったということが分かる。
T　なるほど、よく読んでいるなあ。でも、これを語っているのは、誰？（「語り手」という多くのつぶやき。）
T　そうだね。もしかすると、語り手は太一の思いについてではなく、瀬の主と戦わなかったという事実を言

➡「怖くて打てない」という見方だな。

➡「どうしてもすることができない」という見方は、太一の心情の考え方を広げるかもしれない。

➡「自分の体が拒否する」は、「どうしてもできない」からつながった表現だな。周囲の子どもたちも共感しているる。瀬の主とおとうを重ねる見方も残っているようだ。

➡最後の場面の叙述から考えたのか。

➡周囲の子どもたちも納得しているようだ。共感した理由を尋ねてみよう。

➡子どもたちが、この叙述だけで判断することがないように、「語り手」による語りであることを確認しておこう。

っている可能性もあるね。

C　ぼくはさっきまで「打たなかった」という意見だったけど、どっちでも考えられると思う。

T　どういうこと?

C　「打たなかった」理由は、これまで数限りなく魚を殺してきたけど、そのことについて悲しい感情になったからで、太一は大魚をこの「海の命」だと思えたから打てなくて、悲しい感情になったから「打てなかった」とも言えるから、どちらとも考えられると思う。

C　太一は最初はとりたいと思っていたんだけど、途中から気持ちが変わって打てなくなって、最後に大魚をおとうと思うことにして、打たなかったのだと思う。

C　与吉じいさとおとうは海に感謝していたんですよね。想像だけど、与吉じいさとおとうが守ってきた海を、このクエを倒すことによって「海の命」がこわれるというか、なくなってしまうのだと思う。おとうたちが積み上げたものがなくなってしまうので、太一は自分で悩んでもりを打たなかったんだと思う。

C　ぼくは、どっちでも考えられると思う。なぜ瀬の主を打たなかったのかというと、大魚がこの「海の命」だと思えたから、与吉じいさの教えを守るために「打

➡太一の複雑な心情を捉え始めてきたな。詳しく聞いてみよう。

➡海の命だと思えたから打てなかったという考えが付加されたんだな。

➡「打てない」から「打たない」へと変化したという考えだな。

➡与吉じいさとおとうの生き方とつなげて考えている。二人が積み上げたものを守ろうとしたというのは、太一の生き方へとつながる考えだ。

➡海の命と与吉じいさの教えをつなげている意見だ。子どもたちの意見に広がりが出てきている。

たなかった」し、初めて魚をとるときに悲しい気持ちになったから「打てなかった」だと思います。

T　うん、「打たなかった」、「打てなかった」、どちらにも読めそうですね。では、「打たなかった」、「打てなかった」、それぞれの理由で、共通していることはあるかな。

C　どっちも「海の命」を守ろうとしている。

C　どちらも「海の命」を考えている。

T　「海の命」を守ろうとして打たなかった、打てなかったという可能性がありそうですね。他にも、考えられる理由はありますか。

C　母の悲しみを背負っていたから。

T　どういうこと？

C　もし自分が死んでしまったら、太一のお母さんが悲しんでしまうと思ったから、打てなかった。

T　なるほど、太一が打たなかった、打てなかった理由として、いろんな可能性がありそうですね。話し合いを通して自分の考えを見直すことができたかな。では、「なぜ、太一は瀬の主にもりを打たなかったのだろう」について自分の読みを書きましょう。

ポイント

➡今、出されている「打たなかった」、「打てなかった」の理由の共通点に注目させて、他の可能性についても検討させよう。

➡海の命や与吉じいさの教えについては、着目できているようだ。

➡これまでの学習を振り返って、母の存在に気づいたな。詳しく説明させよう。

➡様々な可能性があることを伝えて、自分で最終的な結論を考えさせよう。

子どもたちは、太一の複雑な心情について考えるとともに、叙述を基に「打たなかった」と「打てなかった」のどちらにも捉えられるという新しい読みをつくることができました。

さらに、「母の存在」や「与吉じいさの教え」、「海の生態系」などにより広げて考えさせるためには、「打たなかった」、「打てなかった」からイメージされる太一の思い（「意思」や「恐れ・畏れ」等）の意味を授業の最初の段階で確認し、そのような思いが生まれてくるためには、これまで学習した太一と関わる人物との何が影響を与える可能性があるかについて時間をかけて検討していく方法も考えられます。また、これまで書いてきた作品論から事前に自分なりの考えをつくり、話し合いに臨ませてもいいでしょう。

【子どもたちが書いた本時の作品論の例】

●この問題について私はこう考える。私は、瀬の主がおとうに見えたから殺さなかったと思う。おとうは、「海のめぐみ」を大切にしていたと太一はふと思ったはずだ。太一はおとうをこえたいと思っていた。「海のめぐみ」を大切にしないとおとうをこえられないはずだ。だから私は、瀬の主を殺さず、生涯だれにも話さなかったと予想した。

●この問題について私はこう考える。私は、おとうと与吉じいさの教えを守るために、そして、「海の命」をつないでいくために瀬の主を打たなかったと思う。また、初めて魚をとるときに、いつもとはちがう感情になったから、それをおとうと思うことによって打たなかったと考える。

●この問題について私はこう考える。太一は瀬の主を見た時に、このクエは殺してはだめだと思ったんだと考える。理由は、太一にはお母さんがいるからだ。太一は、お母さんに「おまえが、おとうの死んだ瀬にもぐると、いつ言いだすかと思うと、私はおそろしくて夜もねむれないよ。おまえの心の中が見えるようで。」と言われていた。無理に行ってもしも死んだとしたら、お母さんが深く悲しんでしまうと思ったのである。つまり、与吉じいさのような生き方を太一は選んだのだ。だから、瀬の主を打たなかったのだと考える。

第2次の最後である第7時では、「『海の命』とは何か」という課題について話しました。子どもたちは、「瀬の主」、「海の魚」、「海のめぐみ」、「魚だけではない全ての命」等のような考えを出し合いながら、これまでの学習を基に説明をしていきました。学習後に、子どもたちは左のような作品論を書いていました。

【子どもたちが書いた第7時の作品論の例】

●この問題について私はこう考える。海の命は、海の中に住んでいる一匹一匹のことだと思う。理由は、海の命が一匹だけになったら変だし、「海の命は一匹一匹のことだよ」と作者が言っているように思えたからだ。それに、与吉じいさ、おとうも「海の命」を大切にしているから、私は海に住んでいる一匹一匹のことだと予想した。

●この問題について私はこう考える。「海の命」は海の全ての生き物だ。なぜなら、一つの命が「海の命」だと、その魚が殺されたら、「海の命」という題名が「海がほろびる」のようなざんこくな題名になってしまうからだ。だから、海の全ての生き物が「海の命」だと思う。他の考えとしては、おとう、与吉じいさ、母とも読める。なぜなら、三人とも海に関係する人だからだ。おとうと与吉じいさは漁、母は太一を屈強な若者に育てたから。三人とも「海の命」だと考える。

●この問題について私はこう考える。「海の命」は、太一、おとう、与吉じいさ、海の魚たち、お母さん、顔の知らないご先祖様だと考えた。理由は、お母さん以外は「海の命」を守り続けてきたからだ。そして、お母さんは、おとうの海を遠くから毎日ながめ、「海の命」を守り続ける人たちを心配し続け、見守ってきたからだ。

第3次では、「海の命」の作品と自分とを重ね合わせるまとめの一枚を作成し、互いに交流し合いました。高学年では、〔考えの形成〕として、「文章を読んで理解したことに基づいて、自分の考えをまとめること」が求められます。子どもたちには、登場人物の生き方や、作品の全体像、作品から受け取ったメッセージなどに対して、自分自身の経験や考え方、これからの生き方への展望などとつなげて考えさせるようにします。

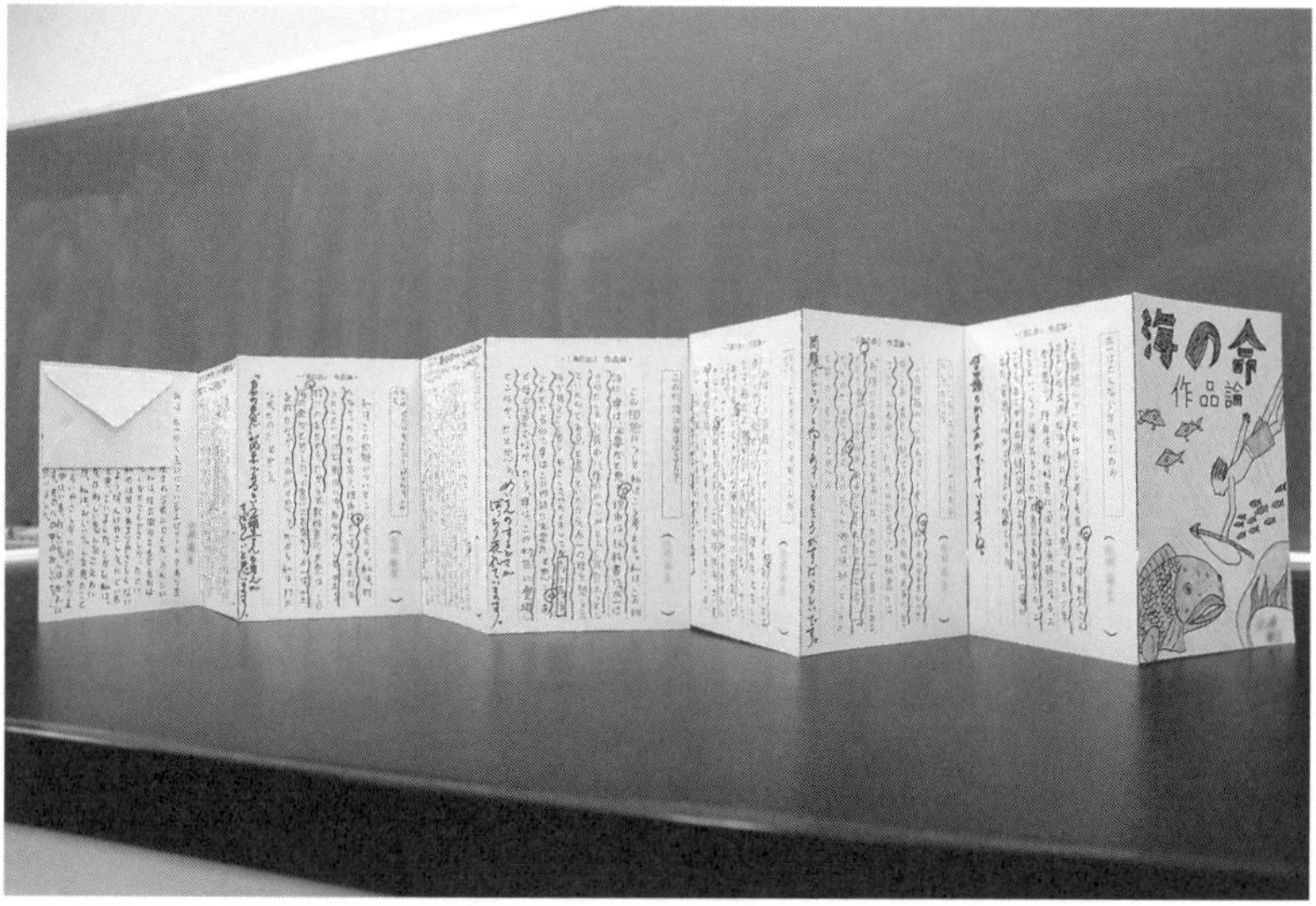

蛇腹の「海の命」作品論の完成

子どもたちが作成した思い思いの表紙

おわりに

十年近く前、私が広島大学附属小学校に勤務していた頃、当時広島大学大学院の教授でいらっしゃった吉田裕久先生に研究授業についてご指導を仰ぐ機会に恵まれました。

私は、授業で取り扱う教材を決めかねていたのですが、ご指導いただく日も迫ってきたため、その学年で多くの先生方が実践研究される文学教材（「重要文学教材」）で指導案を作成しました。そして、吉田先生の元へお持ちしました。私は、実践をやり尽くされた感のあるその教材についてあまりおもしろさを感じていないこと、誰がどう読んでも同じような読み方になり、曖昧な感じで授業が終わってしまう気がすることを正直に吉田先生にご相談しました。

しかし、それは私の思い上がりでした。私の悩みに静かに耳を傾けていた吉田先生は、穏やかな口調で次のようにおっしゃいました。

「そんなことはありません。しっかりと読んでください。そうすれば、おもしろさがわかりますよ。」

私にとっては、過去に何度も子どもたちに指導した経験のある教材でしたが、吉田先生のご指導をきっかけに、改めて教材を読み直してみることにしました。それも、今までとは全く違う読み方で。指導者としてではなく、徹底的に読者として読みました。そして、自分の中で曖昧になっている部分や疑問に感じているところについて、文章中のことばをばらばらにしたり並べたりして考えてみました。

すると、今まで気づかなかった解釈が、私の中に生まれてきたのです。誰もが「当たり前」に感じていたイメージが違って見えるようになり、ぼんやりとした物語の世界が、一気に鮮明になりました。「読めたつもり」になっていた自分に気づきました。研究授業では、その場面を扱い、子どもたちにも私と同じような「見えなかったものが見える」体験をしてもらいました。

吉田先生にいただいたご指導をきっかけにして、私は教材を読むときの「視点」を学ぶことができました。教材の内容やその特性が読めるようになると、指導すべきことが明確になり、方法も決まります。（「決める」のではなく、必然的に「決まる」のです。）子どもたちの発言に対する私の聴き方も変わってきました。授業づくりにおける教材分析の大切さを改めて実感した次第です。この場をお借りして、ご多忙の中、いつも温かいご指導をくださる吉田裕久先生に心より感謝を申し上げます。

国語の授業づくりの難しさを感じている先生方は、全国にたくさんいらっしゃることでしょう。国語の授業づくりに悩んでいる先生方、国語の実践研究を志す先生方にとりまして、本シリーズとの出合いが、「見えなかったものが見える」きっかけになってくれればと願います。

最後に、本シリーズの出版にあたって、企画段階から温かい指導と励ましをいただいた明治図書出版の林知里様に深くお礼申し上げます。

立石　泰之

【監修者紹介】
実践国語教師の会

【編者紹介】
立石　泰之（たていし　やすゆき）
1972年，福岡県春日市に生まれる。東京学芸大学卒業。福岡県公立小学校教諭，広島大学附属小学校教諭を経て，現在，福岡県教育センター指導主事。共著に，『子どもの「学びに向かう力」を支える教師の「動き」と「言葉」』（東洋館出版社）がある。

【著者紹介】
大江　雅之（おおえ　まさゆき）
1974年，岩手県水沢市に生まれる。弘前大学大学院教育学研究科卒業。現在，青森県公立小学校教諭。全国大学国語教育学会，日本国語教育学会会員。全国国語授業研究会理事。雑誌原稿として『教育科学　国語教育』『授業力＆学級経営力』（明治図書）『子どもと創る国語の授業』（東洋館出版社）の掲載多数。

［本文イラスト］木村美穂

国語科重要教材の授業づくり
たしかな教材研究で読み手を育てる
「海の命」の授業

2019年1月初版第1刷刊
2024年1月初版第4刷刊

©
監修者　実践国語教師の会
編　者　立石泰之
著　者　大江雅之
発行者　藤原光政
発行所　明治図書出版株式会社
http://www.meijitosho.co.jp
（企画）林　知里（校正）井草正孝
〒114-0023　東京都北区滝野川7-46-1
振替00160-5-151318　電話03（5907）6703
ご注文窓口　電話03（5907）6668

＊検印省略
組版所　株式会社カシヨ

Printed in Japan　ISBN978-4-18-259816-6